MÉMOIRES
D'UN VOYAGEUR DU TEMPS

PATRICK DROUOT

MÉMOIRES D'UN VOYAGEUR DU TEMPS

FRANCE LOISIRS
123, boulevard de Grenelle, Paris

Une édition du Club France Loisirs, Paris
réalisée avec l'autorisation des Éditions du Rocher

© Éditions du Rocher, 1994
28, rue Comte - Félix - Gastaldi
Monaco
ISBN 2-7242-8943-9

*Ne croyez rien
de ce que vous avez lu dans ce livre
À moins que
vous ne l'ayez expérimenté vous-même.*

Patrick Drouot

À Éléma,
Aux déesses de la lune.

REMERCIEMENTS

Cet ouvrage est le fruit des expériences de nature spirituelle et des réflexions auxquelles je me suis livré ces quinze dernières années. Je voudrais exprimer ma profonde gratitude aux très nombreuses personnes qui m'ont aidé, soutenu et suivi durant toutes ces années de recherches.

Je tiens à remercier Geneviève Beauvarlet pour sa collaboration à cet ouvrage grâce à son aide efficace et imaginative ; ma gratitude va aussi à mon éditeur Jean-Paul Bertrand, à mon ami Henri Trubert, directeur des Éditions du Rocher, qui a cru il y a plusieurs années en ma démarche, et à Paul Couturiau, directeur de la collection Âge du Verseau.

Mes remerciements s'adressent enfin à toutes les personnes que j'ai rencontrées ces dernières années et qui m'ont écrit pour me faire part de leurs rêves, de leurs visions et de leurs espoirs. L'expression de mon respect sincère s'adresse aussi à tous les médecins, chercheurs, psychologues, thérapeutes et tous ceux, provenant d'horizons divers, que j'ai eu l'honneur de former aux techniques d'éveil de la conscience et qui ont eu le courage d'entreprendre leur propre transformation personnelle et spirituelle.

Patrick Drouot

INTRODUCTION

Depuis bientôt quinze ans, j'ai guidé plusieurs milliers de personnes à travers les méandres de leur esprit ; je leur ai fait découvrir des réalités qui dépassaient largement le cadre quotidien. J'ai rencontré individuellement des milliers de personnes et plusieurs dizaines de milliers à la faveur de conférences ou de séminaires. L'intérêt pour l'exploration systémique des états différents de conscience ne s'est jamais démenti depuis. S'il reste encore un territoire inexploré, c'est-à-dire à découvrir, celui-là en est un. Des interrogations subsistent et seule l'exploration de ces états d'être permet d'y répondre.

J'ai publié trois ouvrages précédemment et ai reçu presque cinquante mille lettres en huit ans. Il est difficile de répondre individuellement à un tel courrier, mais j'ai essayé, à travers mes livres, d'éclaircir autant que possible les points obscurs les plus souvent évoqués par mes correspondants.

Il m'est apparu, au fil du temps, qu'un très large public – quelle que soit sa formation – ressent le besoin profond de donner un sens à son existence, de la comprendre et de la diriger. J'en suis arrivé à croire que la compréhension du sens de la vie est aussi importante pour notre développement psychologique et spirituel, que le fait de se nourrir l'est pour notre survie biologique.

Mémoires d'un voyageur du temps n'est ni un acte de foi, ni un roman, ni l'expression d'une vérité mystique, mais simplement un développement partiel des différentes explorations, expériences et élévations de conscience que j'ai pu vivre ces quinze dernières années.

Bien des phénomènes surgissent parfois dans l'existence de manière soudaine et cette dernière décennie a été jalonnée de découvertes, de joies et de réponses aux questions que je me posais. Peu d'entre nous reconnaissent consciemment la dimension spirituelle de l'existence. Pourtant nous recevons en permanence des messages à travers nos rêves, nos intuitions et nos fonctions spirituelles les plus profondes. L'appel de notre destinée se manifeste dans nos besoins les plus vivaces et nos aspirations spirituelles.

En 1992, comme je présentai à mon éditeur Jean-Paul Bertrand l'idée d'un livre sur le chamanisme, il me demanda d'en consacrer plutôt un nouveau à la réincarnation.

D'abord réticent, il me fallut près d'un an pour reconnaître qu'un certain nombre de points restaient à préciser sur ce phénomène si largement divulgué et pourtant si mal connu. Durant toutes ces années j'ai toujours prôné le même message : faites face à votre monde spirituel interne avec courage, amour et une conscience élargie.

Mémoires d'un voyageur du temps complète un cycle majeur de mon cheminement personnel en présentant non seulement diverses aventures spirituelles mais aussi ce qu'il me restait encore à comprendre de cette parcelle de mystère appelée être humain.

Nous devons actuellement faire face à une crise majeure affectant aussi bien notre système de pensée que notre conscience, et cette situation critique reflète l'état émotion-

VIII

nel, moral et spirituel d'une grande partie de l'humanité contemporaine qui se cherche encore.

Mes précédents ouvrages ont été traduits en plusieurs langues et au moment de la rédaction de ce livre, des éditions bulgare, roumaine et russe devraient voir le jour. Comme les astro-physiciens qui recherchent la vie dans l'univers, je pourrais m'écrier : « Nous ne sommes plus seuls dans le monde à essayer de penser différemment ! »

Le regain d'intérêt pour les anciennes traditions spirituelles et la quête mystique constitue l'un de nos plus grands espoirs. Il y a quelques années, j'ai rencontré Wallace Black Elk (Élan Noir) et son petit-fils Andrew Thunderdog (Chien Tonnerre) ; l'un et l'autre sont des hommes-médecine Lakota-Sioux. Ils sont petit-fils et arrière-petit-fils de Nicholas Black Elk, l'un des plus grands chamans contemporains. J'ai établi des liens personnels avec Andrew et sa famille. Grâce à eux j'ai compris que notre monde n'est que le reflet tangible de notre état de conscience. Andrew m'a dit un jour : « Nous devons apprendre à marcher de manière sacrée dans le monde. La vie représente un théâtre magique, mais également sacré. »

Ce que j'ai essayé de faire passer dans *Mémoires d'un voyageur du temps*, qui reflète cette conviction personnelle profonde.

Patrick DROUOT
Physicien
Été 1994.

CHAPITRE 1
MÉMOIRES D'OUTRE TEMPS

VIE ET MORT DE GOVENKA

Europe de l'Ouest.
Quatrième millénaire avant Jésus-Christ.
Histoire de Govenka, suite et fin.

Govenka se trouvait dans cette clairière qu'elle connaissait déjà. Tout autour, le lieu était plongé dans une lumière irréelle. Le soleil filtrant à travers la brume matinale étendait un voile scintillant sur les arbres et les buissons. Soudain, la vibration de la clairière se mit à changer et Govenka à trembler. Le décor s'estompait lentement et peu à peu disparut de sa vue. La jeune femme, alors âgée de vingt-cinq ans, vibrait, ressentant des énergies toujours intenses. Son souffle se ralentit au point qu'il lui devenait de plus en plus difficile de respirer. Elle sentait une main invisible lui serrer la gorge, expulsant de son corps des sanglots irraisonnés. Un bain de vibrations plus puissantes que celles ressenties jusqu'alors la pétrissait et l'engloutissait tout entière. Pourtant, malgré la violence de ces sensations, Govenka se sentait envahie d'un amour infini, sans borne.

Le temps semblait s'être arrêté. Après une durée qu'elle n'aurait pu évaluer, une silhouette se dessina devant elle.

Un homme. Grand, mince, beau dans sa robe flottante. Véda, l'être-lumière qu'elle connaissait, venait de prendre pour elle seule une forme humaine. Elle effleura la main qu'il lui tendait ; sa peau était ferme et douce comme du velours. Pourtant Véda n'était pas un être de chair, il ne s'était plus incarné depuis des cycles et des cycles. Mais il avait choisi de prendre pour quelques minutes un corps physique afin de marquer dans l'âme de la jeune femme l'empreinte du chemin qu'ils devaient faire ensemble, lui le maître, elle l'élève ; lui le guide, elle le disciple. Pour passer d'un monde vers un autre, pour se créer un corps de synthèse et pour se maintenir dans cette clairière, Véda avait dû concentrer une énergie énorme. A tel point que Govenka en était physiquement atteinte. Elle reprenait peu à peu sa respiration pour mieux laisser s'écouler à travers son être tout l'amour que lui transmettait cette apparition de chair et de sang. L'espace d'un court instant, une connaissance provenant des tréfonds du temps passa de Véda vers Govenka.

Govenka était toujours assise, elle n'avait pas bougé. Véda se recula et un cristal géant en suspension dans les airs apparut entre eux. Comme si cette certitude avait été de toute éternité inscrite en elle, Govenka sentit qu'elle possédait l'énergie du cristal. Qu'elle l'avait toujours possédée et utilisée sans même s'en rendre compte.

– Vois, dit Véda, ce cristal est le début de toute chose. Il vient d'une autre dimension du temps et de l'espace. Je l'ai amené pour toi. Concentre-toi sur cette pierre, harmonise tes vibrations avec les siennes et, hors du temps et de l'espace, ses possibilités seront les tiennes.

Govenka sentit ses énergies vibrer avec plus de force jusqu'à ce que l'harmonie naisse entre elle et la pierre éternelle. La communion fut intense mais de courte durée. Aussi brusquement qu'il était apparu le cristal disparut et Véda avec lui.

Govenka se retrouva seule, le cœur lourd d'une infinie tristesse, comme si l'amour d'une existence entière venait de s'évanouir à tout jamais. En même temps, elle se sentait riche d'une connaissance qu'elle allait explorer toute sa vie durant. Le mythe de Govenka commençait.

Vingt ans plus tard

Govenka s'approcha du dolmen dressé au fond de la clairière et posa ses mains à plat sur la haute table de pierre. Immédiatement, une onde d'énergie parcourut son corps, provoquant en elle une sensation de picotements. C'était comme si la matière communiquait un courant de vie et restituait d'un coup l'énergie accumulée par tous ceux qui depuis des lustres étaient venus là pour prier et méditer.

Dans le calme apaisant de la clairière, Govenka absorbait par tout son corps ce fluide bienfaisant. Elle se sentait devenir plus forte, régénérée, son niveau de fréquence augmentait. La clairière où elle se trouvait était son domaine, c'est là qu'elle se rendait pour méditer, pour prier, pour élever son esprit en conscience. Aujourd'hui, elle venait puiser dans la pierre sacrée du peuple celte l'énergie nécessaire pour mener à bien sa mission. Une des plus importantes qu'elle ait eu à accomplir depuis qu'elle était le guide spirituel du clan.

Il y allait de la survie et du devenir des siens, des centaines de personnes qui comptaient sur elle et attendaient sa réponse. La population était restée au village, mais un petit groupe l'avait escortée : le roi-prêtre Rama, le guerrier-prêtre, le prêtre qui dans les cérémonies portait la coiffe de renne, mais qui ne l'avait pas en cet instant. Il y avait aussi deux femmes et quatre hommes. A l'orée de la forêt, ils l'avaient abandonnée, la laissant continuer seule.

– Va, nous restons ici pour t'attendre.

Ils s'étaient assis en cercle, visiblement décidés à patienter le temps qu'il faudrait.

En pénétrant dans le clair-obscur de la forêt plantée de hauts chênes et de pins mêlés, Govenka pressentit que la mission qu'elle s'apprêtait à mener à bien serait certainement la dernière. Elle n'en éprouva ni crainte ni regret et continua d'avancer, consciente d'accomplir ce qui devait être fait avec la dignité attachée à son rang. Govenka appartenait à cette longue lignée de prêtres et de druides capables de guider et d'éclairer leurs proches, capables aussi de comprendre et d'interpréter le message de la nature et des voies célestes. En signe de distinction, elle portait au poignet gauche un bracelet de bronze, ni vraiment raffiné ni grossier, mais néanmoins élégant et fin. La vieille femme qui avait initié Govenka enfant, lui en avait appris la signification : « C'est un signe de noblesse que l'on ne peut acquérir que par droit ancestral, il ne s'agit pas d'un héritage physique ou d'un droit familial, mais d'un héritage spirituel transmis par les ancêtres. »

Govenka continuait de marcher sur le sentier. Ses pieds chaussés de sandales foulaient l'herbe humide de rosée. Elle avançait, calme et décidée, haute silhouette de femme au corps assez fort, assez musclé, plutôt bien charpenté. Ses mains étaient un peu larges, presque masculines. Elle avait pourtant un visage doux, un menton arrondi, des joues plates à la peau ferme et lisse d'un blanc mat. Ses cheveux, châtain foncé, presque noirs, légèrement ondulés, flottaient sur ses épaules. Des fils gris, marque du temps pour la druidesse qui abordait sa quarante-cinquième année, parsemaient la chevelure. Alors qu'elle revêtait souvent une longue tunique blanche, elle portait en cette occasion une robe brun foncé, assez ample, faite de deux parties, l'une en cuir, l'autre en tissu. La toile, assez grossière, ne reflétait pas un état de pauvreté, mais suggérait plutôt une impression de robustesse.

Autour de la taille, elle portait une large ceinture de cuir fermée par une boucle de métal dans laquelle était enchâssée une pierre sombre, probablement d'origine volcanique... Govenka n'en était pas sûre. La vieille femme n'avait pas su lui en expliquer la provenance et la jeune Govenka s'était longuement interrogée. « C'est curieux, pensait-elle, il y a des formes bizarres, c'est un peu escarpé et un peu arrondi, on dirait une chaîne de montagnes en miniature. Cela me rappelle des souvenirs extrêmement diffus, extrêmement lointains. Comme la découpe d'anciennes montagnes d'une île perdue. Je le sais, je le sens, c'est comme une mémoire ancienne qui me le souffle, mais je n'ai jamais vu quelque chose de semblable auparavant. »

Toujours debout près de la pierre, Govenka se sentait en état de réceptivité totale. Le pendentif en forme de poire accroché au bout de son collier semblait maintenant animé d'une vie propre. C'était un bijou blanc transparent, clair comme du cristal. Si clair qu'on aurait cru une goutte de lumière solidifiée. Il pulsait de plus en plus fort, émettant des vibrations qui se répercutaient dans sa poitrine et produisaient en elle une douce sensation de chaleur.

Elle se laissait guider par ses gestes et, du sac de cuir gros comme le poing, accroché à sa ceinture, elle tira sept pierres qu'elle disposa en cercle sur la table du dolmen. Elle accomplissait ce rite ancestral en se récitant pour elle-même les étapes à suivre et leur signification : « Les pierres ouvrent la porte du futur, et conduisent à des états visionnaires. Chacune joue un rôle précis, mais l'ensemble ne peut fonctionner que si chaque pierre est bien à sa place.

Il faut disposer les pierres en étoile, six marquent l'extrémité des six branches, la septième doit être au milieu. »

Elle devait maintenant se concentrer, vider son esprit et se laisser aller à une disponibilité totale. Mentalement elle commença à poser des questions simples qui appelaient des réponses simples : « Est-ce bon, est-ce mauvais ? » Au centre de ses préoccupations et de celles de son clan, il y avait un projet de migration, de départ. Bien que vivant ici depuis des temps très reculés, ils avaient décidé de partir tous ensemble. Govenka poursuivit son dialogue intérieur : « Le peuple entier va partir et je viens pour voir, pour avoir des informations, pour savoir comment cela va se passer. »

Une énergie étrange poussait en effet ce peuple à quitter la terre qu'il occupait depuis des siècles, voire même des millénaires. Que s'était-il passé ? Depuis cinq ou six ans maintenant, le pays semblait empoisonné. Les hommes et les bêtes mouraient en grand nombre, victimes d'une maladie bizarre, comme brûlés par une sorte de feu intérieur. Les bébés venaient au monde avec des malformations, beaucoup de femmes ne pouvaient même plus donner naissance. D'où venait cette malédiction que rien ne semblait pouvoir arrêter ? Les sages du village avaient tenu conseil. Govenka évoqua le météore qui tel la foudre avait un soir enflammé l'horizon du crépuscule. « C'est la pierre tombée du ciel qui propage le mal. Tous ceux qui s'en approchent tombent, foudroyés par un rayon mortel, une sorte de feu qui ne brûle pas mais qui détruit la vie. Déjà six à sept cents des nôtres ont péri. Nous devons nous éloigner pour fuir ce fléau sinon nous serons tous exterminés. »

Maintenant il fallait décider du sort de la communauté : trois à quatre mille personnes en danger, nombre d'entre elles déjà touchées. La décision avait tardé à venir. Quand le mal était apparu beaucoup avaient préféré tenir bon et courber le dos jusqu'à la fin du phénomène. Rares étaient

14

encore ceux qui songeaient à partir. Peut-être les habitants du village auraient-ils continué d'attendre des jours meilleurs en prenant leur mal en patience sans l'apparition d'une étoile extrêmement brillante qui venait par intermittence s'inscrire sur la carte du ciel. Tous avaient vu au moins une fois cet astre mystérieux qui, selon les anciens, ne s'était jamais manifesté auparavant...

– J'ai appris à lire le ciel avec mon père, affirma le doyen de la communauté. Lui-même avait appris avec le sien et jamais il ne m'a parlé de cette étoile.

Nul mieux que le vieil homme, qui avait passé soixante-cinq ans, un âge très avancé pour l'époque, ne connaissait l'emplacement des étoiles. Sa parole avait en ce domaine une valeur quasi sacrée.

Govenka avait mis des nuits et des nuits à apprivoiser l'étoile. Son pouvoir de druidesse lui permettait de comprendre le langage des astres. Petit à petit, elle avait réussi à déchiffrer le message que l'étoile était venue lui délivrer. Devant les sages assemblés, elle avait dit :

– L'étoile parle à travers moi, elle nous demande de la suivre, de partir loin d'ici.

Le roi Rama, les prêtres, le chaman, réunis en conseil, écoutèrent les propos de Govenka.

– Doit-on vraiment quitter la terre de nos ancêtres ? interrogea Rama. Le peuple ne voudra jamais s'y résoudre...

Partir oui, mais comment ? Pour aller où ?

Trop de questions restaient sans réponse. Il fallait à tout prix s'assurer que la solution du départ était la seule possible. C'était une confirmation que Govenka était venue chercher dans la clairière. « Je dois retrouver l'étoile, se dit-elle, il faut que je l'interroge à nouveau. » Comme si l'astre répondait à ses vœux, elle vit soudain sa lumière brillante, blanc-doré, qui tourbillonnait à quinze ou vingt mètres au-dessus de la cime des arbres les plus élevés. L'étoile était là, juste en ascension au-dessus du dolmen. « Ce n'est pas exactement une étoile, pensa la druidesse, mais plutôt une lumière, sa forme est trop imprécise, je n'arrive pas exactement à comprendre sa nature... »

Le tourbillon de lumière s'accéléra en même temps que montait dans l'air un son très aigu et très pur qui s'amplifia progressivement. Une violente émotion s'empara de Govenka, la musique l'enveloppait tout entière. Ce chant était vraiment très beau, extraordinaire. C'était un appel irrésistible qui continuait de monter. En même temps, la lumière se fit plus vive, mais les sensations qu'elle provoquait restaient très douces. Govenka se sentit arrachée à son présent et une série de visions lui apparut. Des paysages se mirent à défiler, comme poussés par un vent rapide. Ce fut d'abord une nuit étoilée avec des nuages courant sur la lune. Lui succéda un autre monde écrasé par un ciel très sombre, puis se dessina un décor aride baignant dans une lueur mauve : des rochers, du sable, mais pas d'arbres. Le voyage s'interrompit dans cet ailleurs étrange, à la fois physique et non physique. Sans doute allait-il être le théâtre d'une scène importante.

Govenka se retrouvait seule dans cet ailleurs. Elle savait d'instinct que quelque chose devait arriver maintenant et eut soudain l'intuition d'une présence. Véda le sage, son bien-aimé, était là. Il n'apparaissait pas physiquement mais sa présence emplissait l'espace. Impalpable, il était partout, dans l'air, dans le paysage, à la fois très proche et pourtant inaccessible. Govenka n'avait rencontré Véda qu'une seule fois sous une forme humaine, c'était au moment où la vieille femme qui l'avait initiée s'apprêtait à quitter le monde physique. Véda était apparu et Govenka en était restée marqué dans son âme et dans sa chair, liée à son guide pour l'éternité.

Jamais plus Véda n'avait repris une forme humaine. Mais à maintes reprises Govenka avait ressenti près d'elle sa présence rassurante. Il la guidait, la conseillait, l'inspirait dans ses décisions. Cette fois encore, au moment où elle devait prendre une grave décision, il était venu à sa rencontre pour l'aider.

Le paysage se modifia. Govenka eut la perception d'un tunnel mauve pourpre dans lequel elle se sentit aspirée. Elle progressait lentement, dans une impression d'élévation vers le bien-être et la plénitude. « C'est comme aller à travers des couches de conscience », pensa-t-elle. Elle n'éprouvait aucune crainte, aucune appréhension, tant l'itinéraire qu'elle suivait lui semblait familier. Cette lumière, ce tunnel, elle les avait déjà vus. La révélation lui arriva : « La lumière est une porte pour aller dans l'au-delà. Le paysage mauve est la première vision, la première étape du passage. »

Deux rayons de lumière blanche convergèrent soudain vers elle. A l'intérieur, flottaient quelques filaments roses. Ces rayons aussi elle les reconnaissait, elle était déjà venue dans ce monde mauve pour s'élever à travers ces faisceaux de lumière. Elle vit une flamme provenant d'une torche brandie par quelqu'un qui restait invisible. Tout devenait très fort maintenant. Des flux d'énergie de plus en plus intenses traversaient le corps et l'esprit de Govenka au fur et à mesure que la lumière se rapprochait d'elle. Le porteur de torche se manifesta enfin. C'était Véda le merveilleux. Dans un geste symbolique et solennel, il lui tendit le flambeau. Simultanément elle en comprit la signification. Véda lui demandait d'accomplir son rôle de guide.

Mais le saurait-elle ?

Il la rassura. Le dialogue s'effectuait sans qu'aucun mot ne soit prononcé. Tout se passait par échange direct d'idées, par télépathie.

– A l'époque du Cheval, tu étais l'Ailé, le Roi Ailé.

Elle ne comprenait pas, elle interrogea.

– Quand était-ce ?

– Il y a environ six mille ans, en des temps mythiques de l'humanité. Peut-être à l'époque où tu as montré aux hommes comment domestiquer le cheval...

– Mais est-ce que l'Ailé apparaissait aux être humains... Qui était-il ? Quel était son rôle ?

Des éléments de réponse lui arrivèrent sous forme d'images. Elle eut la vision fugitive d'un jeune homme qui descendait d'une colline ou d'une montagne. Puis vint s'y superposer la vision d'une tombe sur laquelle gisait un casque de métal portant des ailes de chaque côté. Quelques personnes étaient venues se recueillir autour de cette tombe. Elles étaient vêtues de peaux grossièrement tannées, leurs cheveux très longs flottaient dans le vent frais du matin. Elles semblaient prier.

Govenka capta une scène brève.

Un vieil homme leva la tête et dit :

– Rhwall, notre roi, a rejoint les Ailés. Il est reparti parmi les siens, chez les Ailés.

Cette courte scène était comme une fenêtre ouverte sur un ailleurs, une invitation à explorer un passé lointain. Une sorte de compréhension lente se mettait en place. Govenka refaisait le cheminement : « Près du dolmen, je suis entrée dans la lumière et j'ai été emportée vers un monde mauve, un monde intermédiaire. Je suis entrée dans le tunnel et dans ce tunnel j'ai vu deux lumières convergentes qui me guidaient et qui provenaient d'une torche portée par Véda. Véda m'a inspiré une vision d'une époque où j'étais l'Ailé, le Roi Ailé, venant de nulle part, quittant les autres et repartant vers un pays perdu, un continent perdu, ou un monde perdu. C'est comme si Véda me montrait que j'ai déjà été le Porteur de la flamme de la torche, il y a très longtemps. Comme si j'avais été le porteur d'une Connaissance perdue. J'ai porté la flamme. J'ai déjà emmené des peuples de plusieurs centaines de personnes en migration, je les ai conduit d'un endroit vers un autre. Et je suis appelée à le faire à nouveau en tant que Govenka. »

Son interprétation était-elle la bonne ?

En guise de réponse, Véda lui inspira la vision d'une mère cosmique, d'un archétype féminin. Govenka se vit, assise, tenant dans chaque main deux galaxies qui pulsaient doucement. Lui succéda la vision de milliers de personnes avançant en une longue colonne ; « un peuple qui migre » pensa-t-elle. Les images devenaient de plus en plus précises, Govenka pouvait maintenant identifier les personnages. « En tête du cortège, je vois les chasseurs de rennes, eux connaissent le chemin. Le peuple est guidé par les chasseurs et par cette lumière au-dessus d'eux que certains perçoivent jour et nuit. Je vois aussi le prêtre, un chaman, portant sur la tête les bois de renne. Le renne est un animal sacré pour notre peuple, nous le révérons, il nous fournit la nourriture et nous pouvons nous abriter grâce à sa peau. Symboliquement, c'est le renne qui nous conduit vers d'autres territoires. Le prêtre avec les bois est investi par la force et toutes les autres facultés de l'animal. » Elle interrogea mentalement : « Nous devons partir n'est-ce pas ? Elle n'attendait aucune réponse. Véda d'ailleurs était reparti, toutes traces de sa présence avaient disparu.

Govenka se sentit précipitée à nouveau à travers le tunnel lumineux et se retrouva bientôt dans la clairière près du dolmen. Elle ressentait maintenant la lourdeur de son corps de chair. Dans sa main brûlait encore le flambeau que lui avait donné Véda. Elle ne tenait pourtant pas un objet physique, la lumière sortait directement de sa main, une lumière identique en couleur et en intensité à celle du flambeau de Véda.

« Comme si, pensa-t-elle, il y avait un lien entre moi, ma main, la lumière émise par ma main, la torche et Véda... »

Il y avait plus de dix heures maintenant que Govenka s'était isolée dans la clairière. Les gens de son peuple l'attendaient. Elle devait aller leur porter la réponse. Il faisait nuit à présent. La lumière lunaire baignait d'une teinte bleue l'orée de la forêt. Govenka aimait cette lumière : la lune était pour elle familière et rassurante. Elle retrouva les sages qui l'attendaient toujours, assis en demi-cercle. Elle commença à leur parler et ouvrit sa main, leur montrant la torche qui continuait de brûler.

– C'est la flamme qui va nous guider, qui va nous protéger, s'écria-t-elle.

Ils observaient le silence, respectueux de la force qui passait à travers les mots et gestes de la druidesse. Le prêtre hochait la tête, le roi restait attentif, le menton appuyé sur ses mains jointes. Eux aussi étaient des quêteurs de visions, ils connaissaient tout cela. Les deux femmes présentes étaient également puissantes. Sages-femmes non au sens physique du terme mais au sens spirituel, elles étaient là pour faire « accoucher » quelque chose. Tous restèrent un long moment songeurs puis l'ordre de départ fut décidé : « Ce sera dans deux jours », dit Rama. Les rumeurs avaient couru et les gens s'attendaient plus ou moins à cette décision mais le moment venu, restaient à faire les derniers préparatifs. Tout devait être démonté, il fallait préparer les chevaux, convaincre les réticents. On n'abandonne pas aisément la terre de ses ancêtres. Les exodes arrachent un peu du cœur de ceux qui les vivent et il fallait faire preuve de patience pour décider les hésitants.

Quelques semaines plus tard, l'impressionnante caravane se déployait dans un paysage montagneux. Du haut d'un promontoire, Govenka observait la longue colonne qui s'étirait sur des centaines de mètres avec des hommes, des femmes, des enfants, des chevaux. Ils traversaient maintenant une rivière à gué. On entendait des rires, des cris, les aboiements des chiens. « C'est vraiment un peuple en marche, la vie qui avance », pensa Govenka. Elle n'était pas seule sur ce promontoire rocheux, une jeune femme répondant au nom d'Éléma se tenait debout à côté d'elle.

La prémonition qui avait saisie Govenka quand elle était venue chercher la réponse dans la clairière s'était confirmée. Cette mission était bien la dernière pour elle. Elle savait maintenant avec certitude qu'elle ne survivrait pas à l'exode. Son destin terrestre touchait à son terme. Elle avait expliqué tout cela à Éléma.

– Cela veut dire que tu vas mourir ? interrogea la jeune femme.

– Non, mon corps va mourir mais pas moi. Je ne dis pas que je vais mourir, je dis simplement que ne « survivrai pas ». Lorsque les gens seront en sécurité, je serai ailleurs. Je n'aurai plus de raison d'être ici.

Pour la remplacer auprès des siens, Govenka avait choisi Éléma. La jeune femme possédait un caractère très fort, un peu particulier, qui laissait présager une nature spirituelle hors du commun. Tout comme la vieille femme l'avait initiée avant de disparaître, Govenka voulait transmettre son savoir à Éléma.

Elle lui enseignait maintenant le rituel des pierres et avait choisi pour le faire ce promontoire rocheux, un de ces endroits spéciaux sur la terre où souffle l'Esprit.

– C'est un rituel pour apprendre à regarder et à soulever le voile du futur, expliqua Govenka.

Elle reconstitua la figure magique de l'étoile à six branches, marquant chaque extrémité d'une pierre et plaçant la septième au centre. L'ensemble ainsi formé émettait une vibration particulière.

– Il faut se mettre en synchronisme vibratoire avec la force qui émane de cet assemblage pour basculer dans cet état spécial d'éveil, dit la druidesse.

Éléma suivit docilement les conseils de Govenka et se synchronisa avec l'énergie émise par les sept pierres. Son visage se transforma, s'illumina comme sous l'effet d'une lumière interne. Elle était transportée, lumineuse, presque en état second, puis elle appuya la paume de ses mains sur celles de la druidesse. C'était comme une transmission qui scellait l'accord entre les deux femmes. Éléma acceptait de succéder à Govenka.

– Il reste encore un rite très important à accomplir, dit Govenka. C'est le voyage hors du corps, mais il est encore trop tôt, tu n'es pas prête pour cela. Peut-être dans quelques semaines...

Le peuple marchait depuis plusieurs mois quand Govenka estima que le moment était venu pour Éléma de franchir l'ultime étape. Il était temps pour elle de faire la rencontre essentielle qui devait l'aider à assumer son rôle. Cette rencontre que Govenka avait eue en son temps. Comme à chaque fois qu'elle accomplissait une chose importante, la druidesse s'était réfugiée dans une clairière. Elle s'y rendit de nuit avec Éléma. La lune émettait une lumière pâle, douce et rassurante.

– La clairière est un endroit solitaire ou nous pouvons sereinement accomplir ce qui doit être fait, expliqua-t-elle. La clairière est un catalyseur de conscience. Tout comme la lune. J'ai parlé à la lune, il y a bien longtemps, la vibration en est encore profondément enfouie en moi.

Les deux femmes s'allongèrent sur le sol et commencèrent à respirer en cadence selon un rythme spécial imposé par Govenka. Sur sa poitrine, le pendentif de cristal commença à pulser et à communiquer une douce chaleur dans tout son être. Éléma suivait, confiante. Govenka lui avait expliqué toutes les phases de ce rite qui allait les amener à s'extraire de leur enveloppe humide, c'est-à-dire de leur corps. Leur respiration se fit plus profonde, mais pas plus rapide. C'était la manière de respirer qui allait les aider à se dégager de leur corps. Elles étaient maintenant en parfaite harmonie. Éléma se sentit partir, Govenka le comprit et lui prit la main pour l'aider et la guider.

Le transfert s'accomplit et Govenka retrouva cette merveilleuse et extraordinaire sensation de liberté qu'elle ressentait chaque fois qu'elle s'évadait de son corps. Virtuellement elle tenait toujours la main d'Éléma. Toutes deux s'élevèrent, s'ouvrant à d'autres réalités. Elles évoluaient maintenant dans un espace non-physique. Bientôt, à des signes perceptibles par elle seule, Govenka sut que Véda allait se manifester.

Il apparut dans une gloire de lumière. Éléma s'était à nouveau transfigurée, éblouie par la vision brillante. Dans ses mains réunies en creuset, elle recueillit une petite goutte lumineuse. Une goutte en forme de poire, identique au bijou que Govenka portait autour du cou. Elle aussi avait reçu de Véda cette goutte de lumière issue du monde d'en haut qui se solidifiait dans le monde physique pour devenir un pur cristal.

La goutte lumineuse agissait comme un liquide de connaissance. Éléma prit soudainement conscience d'éléments provenant d'un passé très lointain, d'un monde au-delà de notre monde. C'était un héritage de connaissances perdues qui lui était brutalement restitué. En même temps s'éveillait en elle la mémoire de son passé et la perception de ce que serait son destin. Cette conscience ne devait plus la quitter, elle la conserva intacte alors qu'elle retrouvait son corps et le monde physique.

Govenka avait vu juste : Éléma était bien la personne qu'il fallait pour lui succéder. A présent que la jeune femme était investie, elle connaissait les secrets du passage, c'était elle et personne d'autre que la druidesse voulait garder à son côté pour l'accompagner au moment du grand départ.

Des mois avaient encore passé et l'automne commençait à teinter les feuillages d'ocre et de rouille. Govenka était allongée sur le dos, à même le sol. Les siens l'avaient transportée en un endroit abrité. L'aube commençait à poindre et Govenka se sentait mourir. Près d'elle se tenaient le roi Rama, un prêtre, une femme et Éléma. Elle se tourna vers eux et murmura :

– C'est bien de partir au tout petit matin, cela ressemble à une nouvelle naissance.

Elle tendit la main vers Éléma, la main gauche qui, sans qu'elle sache pourquoi, avait toujours représenté quelque chose de particulier pour elle, et déclara qu'elle voulait rester seule avec la jeune femme. Les autres s'éloignèrent. Éléma restait silencieuse, mais son regard bleu ne quittait pas Govenka. Les yeux de la jeune femme évoquaient deux lacs profonds dans lesquels se miraient des images d'abord troubles puis de plus en plus nettes. « C'est extraordinaire, pensa Govenka, ses yeux me donnent une vision de l'après-vie. Je les regarde et je vois où je vais. Éléma a la faculté exceptionnelle de déclencher des visions chez les êtres humains. Elle me montre ce qu'elle est capable de faire. » Govenka lut dans le regard limpide de la jeune femme la vision de ce qu'allait être la suite de son parcours. Elle devrait séjourner quelque temps dans ce paysage frais et coloré comme un matin d'été : un ciel d'un bleu intense, d'immenses étendues de prairies d'herbe verte. Puis elle continuerait son voyage sur des plans plus élevés, vers le monde astral.

Éléma continuait de garder le silence, elle était juste présence. Elle savait ce que vivait Govenka, dont le corps devenait de plus en plus lourd. C'était comme une flamme qui s'éteignait peu à peu. Sa vue se brouilla. Elle ne percevait plus le paysage autour d'elle. Le chant des oiseaux et le bruit du vent dans les arbres s'éloignaient progressivement. Bientôt, elle ne les entendit plus du tout. Elle ne pouvait plus sentir, elle n'avait plus de goût. Les sens physiques se verrouillaient les uns après les autres, telle une machine qui s'arrête lentement faute d'énergie nécessaire.

· Tout se passait en douceur, très paisiblement. C'était une sensation curieuse que d'être toujours dans ce corps qui ne fonctionnait plus. Govenka s'y attarda comme on flâne dans une maison vide où flottent encore les souvenirs d'une vie passée. Elle voulait honorer ce corps, ce véhicule qui lui avait permis de marcher dans le monde physique, de vivre tout ce qu'elle avait vécu pendant près de quarante-huit ans.

Le moment de la rupture définitive était venu. Govenka commença à s'élever lentement. Elle goûtait à nouveau cette fantastique sensation de totale liberté. Plus de désirs, plus de besoins, plus de stimuli, simplement cette merveilleuse impression de monter, accompagnée par le sourire et l'amour d'Éléma qui accomplissait avec elle ce bout de trajectoire. Les deux êtres vibraient en cet instant à l'unisson et devaient se retrouver dans un lointain futur sous une forme physique différente, mais le lien était déjà tissé depuis longtemps.

Éléma avait maintenant abandonné Govenka qui, traversant une nouvelle strate de conscience, ressentit immédiatement une atmosphère familière. Une présence immanente qui se manifestait. Véda était là. Enfin elle le retrouvait ! Pour toujours. Des questions l'assaillaient. Pourquoi l'avait-elle perdu ? Pourquoi l'avait-elle oublié après l'avoir si longtemps accompagné sur le chemin de l'élévation ? Peut-être fallait-il qu'elle marche seule pour mieux le retrouver.

Véda était maintenant près d'elle. Il lui montra un liquide éblouissant comme le soleil. C'était le symbole de la corne d'abondance qui coulait d'un entonnoir en forme de pavillon. Il continuerait à couler, sans cesse, car il était le liquide de l'immortalité.

Govenka avait maintenant franchi la porte de l'autre monde. Elle eut une brève vision du peuple d'en bas. Les siens, arrivés à destination, étaient désormais en sécurité.

Éléma était en train de leur parler. Le prêtre paré des bois de renne se tenait près d'elle. Le roi Rama prit la parole et évoqua la mémoire de Govenka, partie vers un ailleurs. Elle ressentit immédiatement la chaleur des pensées qui montaient vers elle et comprit alors que les vibrations de la prière étaient capables de provoquer des visions du monde terrestre, chez l'être aimé parti pour le grand voyage.

LE ROI AILÉ

Europe de l'Ouest.
Neuvième millénaire avant Jésus-Christ.
A la jonction du paléolithique et du néolithique.

L'esprit planait au-dessus de la toundra. Sous lui, à perte de vue, s'étendait un sol désolé. Une terre maigre et morte, parsemée çà et là de plaques d'herbe rase, de rares taillis verdâtres, de bouleaux nains et de rochers couverts de mousses et de lichens. Malgré quelques pointes de vert disséminées dans la steppe gelée, une couleur fade, grise et marron, estompait les formes du relief.

C'était l'hiver. L'esprit le savait mais ne ressentait pas la morsure du vent. Hors du temps, hors de l'espace, il n'avait ni chaud ni froid, n'était ni bien ni mal. Il éprouvait uniquement une sensation de paix et de sérénité. L'énergie des sept sœurs, les sept étoiles, l'imprégnait et fusionnait avec sa propre énergie. Il était elles, elles étaient lui. Ils ne formaient plus qu'une seule entité.

Soudain, en une fraction d'instant, l'esprit bascula vers le Sud. Là encore, le Sud, le Nord, l'Est ou l'Ouest n'avaient pour lui aucune signification particulière. Il suivait une trajectoire, ignorant vers quel lieu il se dirigeait. Il parcourut ainsi un long trajet, sans doute plusieurs milliers de kilomètres, et le paysage se transforma. L'herbe devint plus verte, la végétation plus luxuriante. Le fil bleu des rivières, scintillant sous le soleil, sillonnait le relief. Dans les prairies se mouvaient des animaux mal définissables pour l'esprit qui évoluait maintenant dans un ciel azur émaillé de nuages blanchâtres, poussés par un vent léger.

Alors que l'esprit continuait d'avancer, sa mémoire antérieure lui revenait diffuse, par des bribes arrachées à un passé qu'il ne parvenait pas à situer. Aussi brutalement qu'il s'était mis en mouvement, il s'immobilisa au-dessus d'une région semi-montagneuse. Une attraction presque irrésistible le maintenait rivé en ce lieu qui avait pour lui des résonances familières.

Ses souvenirs et sa perception se firent plus précis. A la manière d'une mise au point photographique, il distingua au pied d'une colline un petit groupe, quatre à cinq hommes, une ou deux femmes... Des jambières couvraient leurs membres inférieurs, une sorte de pourpoint enveloppait leur torse. Ils étaient vêtus de peaux de rennes et de fourrures de renard assemblées par des lanières de cuir. L'esprit se focalisa au-dessus du petit groupe et ressentit brutalement chaleur et amour.

Ces êtres en bas, juste au-dessous de lui, il les reconnaissait tous : le vieil homme, les trois chasseurs, le guide et les deux femmes. Il les avait connus, côtoyés et aimés, il n'y avait pas si longtemps, alors qu'il avait lui aussi forme humaine, qu'il était leur semblable. Il vivait parmi eux, faisait partie intégrante de leur groupe. Les souvenirs se précipitaient avec une grande netteté.

Il renouait les liens avec son récent passé terrestre. La révélation lui vint, brutale et fulgurante. Dans ce monde physique qu'il observait d'en haut, il avait été Rhwall, le Roi Ailé, et il était maintenant reparti chez lui, au pays des sept collines, éclairé par les sept soleils.

Ses compagnons, sur terre, continuaient de le pleurer. Ces hommes étaient les descendants des immigrants venus des toundras du nord, poussés vers des régions plus clémentes par les glaciations successives. En eux coulait le sang des chasseurs d'une époque très ancienne, celle du paléolithique, de la pierre taillée, ainsi que les historiens la nommeront plus tard. Bien sûr, les hommes, sous leur forme physique, ignoraient tout de leur passé et de leur devenir mais l'esprit conservait confusément la mémoire de la longue épopée de son peuple.

A travers une sorte de brume, l'esprit distingua une tombe, la sienne, celle du roi Rhwall. Ses amis y avaient disposé des objets en offrande. Il reconnut les bois de renne, symbole de sa puissance royale. A côté gisaient deux défenses énormes ayant sans doute appartenu à quelque animal mythique. Plus modeste, et insolite en cette époque, un petit bouquet de fleurs séchées avait été déposé sur la tombe par une main amie.

A l'attitude du petit groupe, aux mots murmurés qui lui parvenaient confusément, l'esprit comprit que ses anciens compagnons étaient venus lui rendre hommage. C'est pour mieux se souvenir, pour témoigner leur reconnaissance à celui qui avait été leur chef, qui les avait instruits et protégés, qu'ils avaient organisé cette petite cérémonie leur permettant de communier à la même source.

L'émotion qui se dégageait de leur rituel, incita l'esprit à établir un contact mental avec eux. Il ressentit aussitôt une sorte d'expansion de lui-même, son champ d'énergie s'élargit, et, telles des ailes protectrices, il enveloppa les membres du petit groupe qui formaient un cercle autour de la tombe.

Immédiatement, les uns et les autres se turent. Il n'y eut plus que le bruit du vent soufflant à leur oreilles et faisant voler leurs longs cheveux. Tous goûtaient la paix intérieure qui, en cet instant, les unissait plus étroitement que d'habitude. Au bout d'un moment, l'une des deux femmes rompit le silence et se fit l'interprète de ses compagnons.

– C'est comme si Rhwall n'était pas mort. Comme si le Roi Ailé était encore parmi nous.

La seconde femme parla à son tour :

– Où est-il reparti ?

Sur un ton sentencieux, empreint d'une grande sagesse, le vieil homme annonça :

– Il est reparti chez lui, au pays des sept soleils. Il a rejoint la déesse de la Lune. L'Ailé est reparti chez les Ailés.

Peu à peu, la vision se brouilla. Le petit groupe d'hommes devint flou et s'estompa. Le décor, la tombe, la colline, s'effacèrent jusqu'à disparaître complètement. L'esprit se sentit remonter. A la manière dont le plongeur regagne la surface par un appel de pied, ou dont l'oiseau, d'un coup d'aile change de direction, il se donna deux ou trois petites impulsions mentales qui le propulsèrent vers le bleu profond du ciel.

Il s'engagea dans une lumière éblouissante qui tenait lieu de sas, marquant une transition entre deux mondes. En une fraction de seconde, il franchit cette porte et changea radicalement d'univers. Il était maintenant au pays des sept soleils. Sept astres d'où irradiait une puissante lumière bleue et à travers lesquels passait un courant de vie vibratoire.

L'esprit regagnait son royaume. Au même instant, dans l'univers physique de la terre, le vieil homme, qui se recueillait avec ses compagnons sur la tombe du défunt roi, leva la tête vers le ciel. Une vision fulgurante le traversa. Celle d'un homme aux bras écartés, protégé par une armure couleur argent.

Le vieil homme dit alors : « Le Roi Ailé est revenu nous visiter. Je l'ai vu dans son corps de lumière. Il est redevenu un dieu de la lune, paré de son armure étincelante. »

Là-haut, dans un autre repli du temps, l'esprit retrouvait sa forme originelle. Comme le feu se mélange au feu et l'eau se mêle à l'eau, il se fondit dans d'autres consciences et se rappela ce qu'il avait été naguère, dans une dimension incarnée où le temps s'écoule et devient mesurable.

Son voyage temporel le conduisit quarante années auparavant alors qu'il était encore vivant. Les images, nettes et précises, s'enchaînaient comme dans un film. Le décor se dessina : une forêt de hautes fûtaies, plantée d'arbres recouverts d'un feuillage vert tendre. Deux rivières, profondément encaissées dans le relief, se rejoignaient précisément à cet endroit, creusant au confluent une cuvette plus profonde encore. L'air était tiède. C'était le début de l'été, le matin, de bonne heure.

Un très jeune homme avançait d'un pas souple en direction des voies de l'est. Il longea les rives et entra dans la forêt. Bientôt le vague sentier qu'il suivait disparut tout à fait. Le jeune homme continua d'avancer, guidé par un instinct sûr.

C'était la première fois que Rhwall s'aventurait aussi loin. Il sentait son cœur battre très fort. Pourtant, il n'était ni tendu ni anxieux. Seulement impatient, comme quelqu'un qui se rend à un rendez-vous convenu depuis long-temps. Peut-être depuis son plus jeune âge, sa toute petite enfance. C'était comme s'il avait déjà vécu cet instant, s'il s'était déjà préparé à ce qui allait arriver. Il ressentait une curieuse sensation de dédoublement et avait le sentiment rassurant d'accomplir des gestes mille fois répétés au cours de ses rêves. Sa main ne tremblait pas en écartant les branches, il suivait sa voie en avançant dans un décor tota-lement inconnu et malgré tout étrangement familier.

Le jeune homme avançait vers son destin. Malgré son jeune âge, quinze ans à peine, il appartenait au cercle des adultes. Physiquement, il tranchait légèrement sur ceux de son peuple, véritables forces de la nature dotés de la stature robuste des chasseurs. Lui était relativement petit, un mètre soixante-cinq, pas plus. Ses muscles étaient longs et déliés, ses attaches assez fines, ce qui n'excluait pas une grande force physique. Ses traits étaient avenants : des pommettes hautes, des yeux très bleus qui contrastaient avec sa peau hâlée par les intempéries. Son visage, profondément expressif, portait prématurément les marques d'intenses réflexions intérieures. Il était vêtu d'une sorte de tunique légère à manches courtes, resserrée à la taille, qui descen-dait jusqu'aux genoux. Ses chaussures, faites de peau souple, enveloppaient les pieds jusqu'à la cheville.

Rhwall continuait d'avancer à travers des fourrés de plus en plus épais. Où cela allait-il le mener ? Il l'ignorait mais savait qu'il était sur le bon chemin. Il en eut la confirma-tion éclatante en débouchant sur une clairière que rien ne pouvait laisser soupçonner à cet endroit. Il n'y était jamais venu mais reconnut l'endroit, semblable à celui qui peu-plait ses rêves. Il retrouvait cette trouée lumineuse, espace clair tranchant avec l'environnement sombre du sous-bois. Ces quelques mètres carrés de tapis de mousse, protégés du reste du monde par un rempart d'arbres touffus, formaient un cercle presque parfait. Même les animaux, y compris les oiseaux, tout à coup silencieux, semblaient respecter la paix du lieu.

Le jeune homme goûtait cette solitude. Il s'assit au pied de l'arbre dont les racines noueuses sortaient du sol. Sous ses paupières fermées repassèrent des parcelles de ses rêves. Un songe surtout s'imposait en maître, avec des images fortes ponctuées de roulements de tambour. Le martèlement des coups de tambour s'amplifia, devint obsédant. Bientôt, plus rien n'exista que ce rythme scandé qui finit par effacer la perception des choses environnantes. Le jeune Rhwall était désormais là sans être là, l'esprit tourné vers un ailleurs lointain, bien loin dans le temps et l'espace.

La clairière, espace de liberté et de méditation, allait servir de cadre à l'alchimie spirituelle prévue depuis longtemps. Le son du tambour réveillait en Rhwall des souvenirs endormis tout au fond de son être. Il sentit une flamme monter en lui, d'abord vacillante, puis plus vive. Une vibration de pensées semblant revenir de la nuit des temps lui rappela que des hommes ou des femmes investis étaient capables de quitter leur corps physique pour accéder à d'autres niveaux de conscience. Qu'ils pouvaient non seulement appréhender de longues périodes de temps mais aussi englober différents mondes simultanément.

Le jeune homme, descendant d'une mystérieuse filiation et héritier d'une tradition oubliée, possédait cette extraordinaire faculté de se glisser hors de l'enveloppe du corps et de redevenir un esprit pur. Ainsi, alors qu'il était apparemment adossé au tronc d'un arbre séculaire qui bordait la clairière, le jeune Rhwall s'apprêtait à retrouver sa dimension originelle.

C'était la première fois qu'il opérait consciemment un retour sur lui-même. Le moment était venu de retrouver le passé et peut-être de réactiver une connaissance perdue.

Son esprit remonta le temps et déroula le fil de sa courte vie. Il était encore très jeune, quatre ou cinq ans peut-être, quand il fut recueilli par le clan, à la mort de ses parents. On ne savait rien d'eux et, vu son âge, l'enfant était incapable d'expliquer qui il était et d'où il venait. Quand on lui posait la question, il se contentait d'indiquer la direction du soleil. Ce qui ne surprenait pas, mais n'était pas d'un grand secours. En ces temps anciens, où le cheval n'était pas encore domestiqué, les enfants, très jeunes, apprenaient à s'orienter à l'aide des éléments naturels : le soleil, la lune, les étoiles, le bruit du vent, ou le vol des oiseaux... Mais seuls les êtres investis étaient capables d'interpréter les signes, du chant des oiseaux aux dessins des nuages, et de comprendre l'enseignement des astres

Le voyage à rebours se poursuivit et Rhwall se retrouva être impalpable dans un univers impalpable et pourtant, profondément riche en sensations et en vibrations. Il ressentit l'immense sentiment de joie qu'il avait éprouvé à plusieurs reprises au cours de ses rêves. Une sensation de paix l'enveloppa. Comme dans une onde lumineuse, il vit une clarté blanche qui pulsait doucement là-haut, très haut. « La première porte », se dit-il. Dans ce monde intermédiaire, le haut et le bas étaient relatifs pour l'esprit de Rhwall qui continuait lentement sa trajectoire. Plutôt qu'une sensation d'élévation, il ressentait une sensation d'augmentation vibratoire. Quelque chose en lui-même, voire sa substance tout entière, vibrait d'une manière de plus en plus intense. Soudain, des tréfonds du champ d'énergie qu'il était maintenant devenu, monta un son étrange, un chant venu d'un temps très ancien. Cet appel sonore guida l'esprit vers la lumière qui luisait, extrêmement brillante, mais sans aveugler, puissante et douce à la fois, irrésistiblement attirante. Rhwall découvrit à la puissance mille la sensation de plénitude et de libération déjà éprouvée dans ses rêves. Il traversa la lumière blanche, en empruntant une sorte de canal étroit dans lequel il se glissa. Comme à travers un utérus vibratoire, il mourait d'un côté pour renaître de l'autre.

Rhwall évoluait maintenant dans un monde de partout et de nulle part, en un temps hors du temps. Porté par un amour plus intense que n'importe quel sentiment terrestre, il franchit divers niveaux de compréhension, un peu à la manière dont on gravit les marches d'un escalier. A chaque étape, il se sentait plus pur, plus libre, dans son ascension vers l'appel ultime.

Sans qu'il s'y attende, il se retrouva face à un être vêtu comme un chasseur du paléolithique. Il reconnut spontanément cette tenue qui concernait pourtant une époque fort éloignée de celle du jeune Rhwall assis dans la clairière. N'empêche, il se reconnaissait dans ce chasseur dont il découvrait la silhouette humaine comme son propre hologramme. Il se reconnaissait dans cet homme vibratoire, se sentait en harmonie avec lui. Des souvenirs remontaient par bouffées, brossant un décor et des scènes d'une grande précision. La certitude l'emportait : le jeune Rhwall de la clairière avait bien été l'un de ces chasseurs nomades qui traquaient le gibier. Il revoyait les espèces animales qui sillonnaient la toundra des milliers d'années auparavant : les bisons trapus et puissants qu'on ne pouvait attaquer de face tant ils étaient agressifs, les rennes et les élans, rapides comme le vent et qu'on devait piéger plutôt que de les courser ; les chevaux sauvages qu'on ne savait pas encore dresser et qui fuyaient si vite qu'aucune arme ne pouvait les atteindre, même lancée avec force. Pourtant, pour la survie du clan, il fallait bien abattre de temps en temps un de ces animaux. Dur travail, qui demandait des jours et des jours de traque, beaucoup d'astuce, de force et de courage.

Oui, Rhwall se rappelait cette existence froide et précaire où la vie et le hasard se confondaient et qui fut le lot des hommes pendant des générations. Il avança plus loin encore et bascula dans la conscience du chasseur errant qu'il avait été. Il faisait partie d'un tout petit groupe. Une quinzaine de membres, n'appartenant à aucune tribu ni à aucune race précise. Il se revoyait physiquement. Il était petit : à peine un mètre soixante ; il avait des cheveux et des yeux très noirs. La peau de son visage, burinée par les intempéries, était profondément ridée et aussi érodée que le paysage accidenté de vallées et de ravins.

La scène qui s'imposait à lui se situait dans l'année de ses trente ans, presque la vieillesse en ces temps-là. Il possédait encore la moitié de ses dents, lesquelles étaient jaunes. Sa barbe noire et fournie commençait à se strier de gris. Il était habillé de peaux assemblées avec des morceaux d'os. On ignorait encore l'art de coudre les vêtements. La ceinture, faite de simples lanières de cuir, portait une boucle dans laquelle était enchâssée une pierre de teinte sombre, ce qui laissait supposer une origine volcanique. La forme en était étrange, irrégulière, un peu arrondie, un peu pointue, semblable à une chaîne de montagne miniaturisée. Le pays des sept collines ! Le souvenir de ce lieu de légende, véhiculé par les contes et légendes retransmis génération après génération au cours des soirées d'hiver revenait spontanément à la mémoire de Rhwall. Il appréhendait soudain avec netteté ce moment du passé où, le soleil tombant sur la terre, tout prit feu et bascula. Voilà ce que rappelait à Rhwall-esprit cette pierre étrange.

Il lui revenait aussi ce qui était arrivé au chasseur de l'âge de pierre qu'il avait été. L'image bascula, dévoilant un paysage de savane au-dessus duquel flottait un objet brillant. Vision prémonitoire, intense mais fugace, annonciatrice du drame qui allait se jouer. L'image bascula encore. Rhwall se revoyait avec ses compagnons chasseurs au crépuscule naissant. Les rayons du soleil couchant rougissaient la cime des arbres. Tout le jour, les hommes avaient traqué en vain le gibier. La nuit venant, ils devaient s'arrêter, bredouilles.

Soudain, comme un défi, surgit un aurochs. C'était sans doute le plus dangereux de tous les animaux de la steppe et comme tel le plus prisé des chasseurs. Tous ambitionnaient d'avoir l'honneur et le courage d'en abattre un, au moins une fois dans leur vie. Très peu parvenaient à cette consécration suprême. Approcher un aurochs qui ne se déplaçait qu'en troupeau, relevait déjà d'une chance exceptionnelle. Et seuls les plus braves des hommes osaient affronter ce « Prince des animaux », gros et sauvage comme deux taureaux noirs, beaucoup plus effrayant qu'un bison adulte.

L'aurochs, c'était en effet plusieurs tonnes de chair et de muscles, une taille pouvant atteindre jusqu'à deux mètres au garrot, des cornes impressionnantes aiguisées comme des couteaux. Entre l'homme et la bête se déroulait le combat de la force contre la ruse, de l'acharnement aveugle contre le courage et l'endurance. Des heures et des heures de lutte sans merci au bout desquelles l'un des protagonistes devait tomber sous les coups de l'autre.

Le chasseur, le premier, aperçut l'aurochs isolé. Sans doute l'animal s'était-il quelque peu écarté du troupeau. Il ne manifestait aucune inquiétude n'ayant pas encore flairé l'odeur de l'homme. Le chasseur comprenant que le vent le favorisait, s'enhardit et se rapprocha, sous le couvert des arbres. Cette fois la bête releva la tête. C'était un grand mâle ombrageux, de ceux qu'on ne peut combattre sans trembler. Sa charge, d'une puissance terrifiante, était capable de décimer un groupe de chasseurs aussi aguerris que ceux qui allaient maintenant le combattre.

Ils disposaient pour cela d'épieux et de flèches. Certains étaient équipés d'une lourde hache taillée dans un bloc de silex et attachée à un manche de bois durci au feu. La tactique consistait à fatiguer la bête, à l'affaiblir en la harcelant sans cesse avec des piques. Les pointes de silex, soigneusement aiguisées, transperçaient le cuir épais de l'animal pour s'enfoncer profondément dans la chair. Il était crucial que les coups soient portés avec justesse et précision.

La première attaque fit rentrer la pointe de l'épieu dans l'épaule de l'animal. La bête accusa le coup et marqua un léger temps d'arrêt. Les hostilités déclarées, le combat s'engagea, l'aurochs chargeant sans cesse, les hommes ripostant sans relâche pour épuiser l'animal. C'est seulement quand il serait à bout de force qu'ils pourraient s'approcher pour l'achever.

Mais l'animal était vaillant et sa riposte restait encore vive. L'un des chasseurs appelé « Bison » car il se vêtait souvent de peaux de bisons fit une nouvelle tentative et frappa l'aurochs au garrot. Par malchance, la pointe de silex dérapa, éraflant le cuir de l'animal. Suffisamment fort pour lui faire mal, mais pas assez pour le ralentir. Ce coup manqué marqua un tournant décisif et désastreux pour les chasseurs.

Fou de colère, enragé de douleur, l'animal fit volte-face et chargea en direction du chasseur qui l'avait débusqué. Celui-ci, pétrifié, implora en un éclair la déesse de la lune et revit simultanément l'objet brillant aperçu un soir d'automne au-dessus de la savane. Dans une fulgurance, il comprit qu'il s'était passé quelque chose de fondamental pour lui. Que ces signes avaient une valeur précise, qu'ils avaient une valeur initiatique et que sa vie ne s'arrêtait pas là, maintenant.

Il affronta soudainement son destin avec calme, le visage tourné vers le ciel. La mort arriva dans un fracas épouvantable, un bruit sourd, suivi de la déchirure de la chair transpercée de part en part par les cornes meurtrières. Dans un gigantesque éclaboussement de sang, le corps du chasseur fut réduit en charpie, haché menu, désagrégé sous la violence du choc.

La vision de ce corps mutilé projeté dans les airs s'arrêta brusquement pour faire place à un univers calme, clair, infini. La sérénité après la tourmente. L'apaisement après l'horreur. Ce qui n'était pas sans évoquer la quête héroïque des chamans de l'âge de pierre, faite de joies, de souffrances, d'horreurs et de béatitude infinies. Rhwall avait-il fait partie de ces premiers cartographes de la psyché humaine qui commencèrent à jalonner le voyage vers l'au-delà ? La réponse, positive, arriva à Rhwall-esprit qui imperceptiblement entamait le long voyage vers sa dimension originelle.

De nouvelles images apparurent. Très brillantes, comme cette multitude de petites taches d'or formant une colonne de lumière. Chaque particule semblait jaillir de la base pour monter vers le sommet. Ceci ressemblait à l'axe central sur lequel pivotait le monde d'en bas. Sur lequel s'articulait également cet univers infini où s'opérait la fusion parfaite avec l'esprit. Le long de cet axe circulaient également des filaments énergétiques. Dotés d'une fantastique puissance, ils émettaient une lumière chaleureuse. Non pas une chaleur en degré de température, mais plutôt une chaleur en terme d'acceptation et d'accueil.

L'esprit ouvrit à nouveau ses « ailes ». Une impression de félicité, mélange de paix et de puissance, l'environna. Il se sentait éternel, indestructible dans ce cocon de plénitude. Soudain, de la base de la colonne lumineuse qui ressemblait à une zone de trafic interdimensionnelle, monta une sorte de vibration d'abord légèrement sombre puis très noire. Cette vibration commença à prendre la forme d'un vent hurlant semblable à ceux qui s'abattaient d'une manière inopinée sur les nuits glacées de la toundra. L'esprit ressentit avec effroi la morsure brutale de la bise et éprouva la désagréable sensation d'être précipité dans un espace inhospitalier. Devant lui, se dessinèrent brutalement des formes fantasmagoriques, sortes de fresques représentant des légions animales à tête d'homme. L'aurochs qui avait provoqué la mort du chasseur paléolithique faisait partie du défilé, mais au lieu de la tête exhibant les cornes meurtrières apparut un visage d'homme, plutôt inquiétant avec son profil en lame de couteau qui le faisait ressembler à une hermine. Ses cheveux noirs se dressaient sur le dessus du crâne en un toupet raide. Les joues et le menton étaient en partie cachés par une barbe grise broussailleuse. Le nez proéminent semblait saillir de la face comme un promontoire irrégulier. Les yeux écarquillés étaient pleins de haine et de colère.

L'apparition fit mine de se précipiter sur lui et l'esprit se sentit envahi par la fureur de cet être fantastique. Il entendit un grondement terrifiant, identique au martèlement de milliers de sabots d'animaux sauvages fuyant dans la steppe. Il réalisa soudain qu'il était en train de se faire déchiqueter vibratoirement par des bisons et des aurochs. Toute la mémoire de la souffrance du corps revint à la surface, insupportable, apocalyptique. Eclaté, roué, brisé, moulu, l'esprit n'était plus que froid, angoisse et épouvante. Impuissant, il se rendit compte qu'il était en train de perdre l'usage de ses « membres » vibratoires, qu'il était au bord du gouffre, prêt à sombrer dans un néant sans fond.

A l'ultime seconde où il allait céder à une panique viscérale déferla, comme une vague d'écume sur l'horizon, une longue lignée de chevaux blancs. L'animal de tête, fougueux et magnifique, arborait une crinière de flammes. Ses flancs étaient d'un blanc neigeux, immaculés, avec des excroissances semblables à des ailes transparentes lar-

gement déployées. Plus rapide que le vent, l'animal ccu-
rait sans paraître toucher le sol. Rhwall-esprit se sentit
subitement soulevé, entraîné, emporté dans un tourbillon
éblouissant. Il se retrouva sur le dos du cheval ailé qui
l'arracha à sa vision d'horreur, l'éleva au-dessus de cette
sorte de champ de bataille apocalyptique. Graduellement,
il retrouva, dans une sensation d'élévation, l'univers clair
et infini qui lui procurait la paix. Il revit la colonne de
lumière représentant l'axe du monde ou des mondes. Puis
il ressentit à nouveau la sensation de trafic interdimen-
sionnel.

Le cheval continuait de monter et atteignit une zone de
lumière dans laquelle existait comme un effet de cohésion.
Il y avait là toutes les couleurs possibles et imaginables qui
se combinaient sans toutefois se mélanger. Dans cette lente
ascension, Rhwall savait encore qu'il avait un corps de
chair, là en bas, mais cette idée était devenue infiniment
ténue. Bientôt il accéda à une zone de particules brillantes,
particulièrement mobiles. Comme des papillons volant de
fleur en fleur au printemps, ces millions de points lumineux évoluaient en toute liberté. Sans ordre apparent, sem-
blait-il. Pourtant, en une fraction de seconde, ils s'assem-
blèrent pour dessiner une silhouette de femme aux formes
parfaites. La robe se précisa peu à peu, couleur de lune,
argentée et brillante. La peau des mains et du visage n'était
ni blanche ni cuivrée, mais bleue.

Rhwall, émerveillé par cette somptueuse apparition,
reconnut immédiatement la déesse de la lune. En tant
qu'héritier d'une longue lignée de chasseurs et de chamans de l'âge de pierre, il savait l'importance que tenait
l'astre de la nuit dans la vie des hommes du paléolithique
et du néolithique. La lune, déesse d'argent, était vénérée
plus que n'importe quel autre dieu de la nature. Ses phases
conditionnaient les comportements aussi bien des humains

que ceux des animaux ou des végétaux. Sa lumière vaporeuse adoucissait les ténèbres, rassurait les hommes et leur permettait de continuer à chasser pendant les longues nuits.

La déesse d'argent dispensait ses bienfaits et les hommes, en bas, lui rendaient hommage. Rhwall se souvenait. C'était un soir d'été, à la tombée de la nuit. Un petit vent frais soufflait. Rhwall, encore enfant, était assis dans l'herbe. Autour de lui, des hommes, des chasseurs, s'agitaient. Ils avaient tué dans la journée un renne magnifique. Après l'avoir dépecé avec soin, coupé sa viande puis recueilli son sang dans une poche de cuir, ils s'étaient mis à festoyer.

La viande qui restait était ensuite découpée et séchée au soleil. Mais avant de se réjouir de leur prise et d'en profiter, les chasseurs se livraient à une cérémonie importante. Cette scène précise revenait maintenant à la mémoire de Rhwall. Après avoir retiré totalement la viande de la carcasse du renne, les chasseurs avaient enveloppé le cœur, le cerveau et des herbes odorantes dans la peau de l'animal. A la lune montante, le petit groupe s'était dirigé vers la rivière, attendant sur les berges. Quand la lune atteignit son apogée, ils jetèrent dans l'eau la peau et la carcasse du renne qui coulèrent immédiatement au fond. L'un des chasseurs dit : « Maintenant la lune peut se désaltérer, boire et manger. » La viande du renne était destinée au clan, mais sa forme physique et son esprit appartenaient à la déesse de la lune qui leur avait apporté la nourriture et une bonne chasse.

Sur la trajectoire toujours montante du cheval ailé, Rhwall retrouva encore la déesse à peau bleue. Cette fois, elle était accompagnée de sept étoiles bleues, sept points bleus qui flottaient doucement dans le vide.

– D'où viens-tu ? interrogea Rhwall.

Sans qu'aucun mot ne soit prononcé, la réponse s'inscrivit immédiatement dans sa tête : elle provenait des sept étoiles qui tournaient lentement derrière elle.

Ces sept étoiles bleues, étaient-elles seulement habitées par les déesses de la lune ou y avait-il d'autres êtres ?

Une autre réponse arriva et Rhwall apprit qu'il y avait, cachée parmi les étoiles, une lignée d'enseignants, de maîtres et de sages, que les êtres d'en bas appelaient les dieux et qui, alternativement, à des moments précis de cette humanité encore naissante, apparaissaient sous une forme ou sous une autre.

Il ressentit un sentiment de joie puis une sorte de béatitude. Sa conscience semblait s'ouvrir à d'autres perceptions ; elle se révélait capable d'appréhender de vastes périodes de temps, de comprendre et d'analyser des concepts que le chasseur d'en bas ne pouvait percevoir. Il avait l'impression de retrouver une dimension originelle, qui était la sienne depuis toujours.

Peu à peu, la vision de la déesse de la lune s'estompa puis disparut dans cet univers clair et infini. Rhwall se sentit bientôt redescendre, léger comme une plume flottant dans l'air limpide. Il lui sembla traverser divers niveaux de conscience. Il ressentait de temps à autre des sensations fugitives, des frôlements, des froissements d'étoffe, des bruits diffus. Les images progressivement disparaissaient comme si son cerveau ou sa conscience se refermaient quelques instants encore hors du temps, puis il sombra dans un sorte de torpeur. Il se sentit brutalement devenir lourd, et éprouva la sensation d'entrer dans un scaphandre difficile à mouvoir. Il réalisa alors qu'il réintégrait son corps ou plus exactement qu'il revenait dans la conscience ordinaire.

Rhwall se retrouva dans la clairière, assis au pied d'un arbre séculaire dont les racines tortueuses affleuraient. Il lui semblait que dix mille vies s'étaient écoulées. A l'inverse, il avait l'impression que cela s'était déroulé dans un laps de temps très court, quelques secondes à peine.

Rêve ou réalité ? A partir de ce moment le jeune homme allait être animé par une énergie étrangère et instruit par des visions qui ne provenaient pas de ce monde. La légende de Rhwall, le Roi Ailé, était en train de naître. Pendant des années, il allait régner, en chef éclairé, sur un petit clan de l'époque néolithique. Avec des siècles et des siècles d'avance, il allait parler d'un univers au-delà du monde physique. Il allait initier les hommes et les femmes de son époque à des concepts de morale et d'altruisme qui, en ces temps obscurs, ne voulaient pas dire grand-chose.

Rhwall avait approché certains secrets de l'univers. Sa science, sa conscience, ses récits allaient servir de substrat à des légendes, contes et folklores, résistant à l'usure du temps et qui seraient colportés pendant des siècles et des siècles. Rhwall, le Roi Ailé, comme on l'appelait, chef spirituel de quelques centaines de membres, disparut un jour, en laissant sur terre quelques objets lui ayant appartenu. En particulier cette pierre étrange qui ornait la boucle de sa ceinture et qui allait devenir importante à certaines époques de l'histoire. C'est ce bijou que Govenka portera des millénaires plus tard.

Doucement, l'image de la clairière se désagrégea et s'effaça. La vibration repartit dans un des plis cachés du temps.

Paris, avril 1994

Je suis allongé par terre dans le silence de mon bureau. En sourdine, j'entends une musique douce et répétitive. Je reviens d'un voyage dans le temps. Un voyage où j'ai revécu la vie de Rhwall, le chasseur de l'âge de pierre qui deviendra le Roi Ailé. J'ai été lui, il est en moi, comme Govenka l'a été. Nos personnages se confondent.

J'éprouve une sensation de tristesse en reprenant pied dans la réalité de 1994. L'histoire qui vient de m'arriver est à la fois trop belle, trop poétique. Presque invraisemblable. J'ai envie d'y rester. Pourtant les sensations que j'ai ressenties en tant que Rhwâll-l'Ailé avaient une réalité extrêmement puissante que mon inconscient n'a pu fabriquer. Comme toutes les expériences d'état de conscience élargie et d'état d'expansion corporelle que j'ai tentées, celle-ci n'était ni un rêve, ni un fantasme, j'en suis sûr.

Je reste encore allongé quelques instants par terre. Mon corps est calme, tranquille, comme engourdi, mais mon esprit reste vigilant. Il y a encore en moi des énergies qui se dissipent peu à peu. Le passé se dilue lentement pour faire place au présent. J'ai ressenti tous les événements décrits avec une acuité quasi parfaite. Il me semble que ma conscience s'est étirée pour rejoindre des parcelles de temps éloignées les unes des autres, à la manière dont un pont gigantesque réunit les deux rives d'un grand fleuve ou d'une mer intérieure.

Je m'assieds par terre et reste songeur pendant un quart d'heure. Est-il possible de se ramener soi-même en arrière dans le temps ? La réponse est « oui ». A partir du moment où l'esprit devient suffisamment souple, qu'il n'est plus limité par des attentes rigides, il peut s'affranchir des réalités temporelles pour atteindre d'autres vérités. Bien des fois, j'ai été piloté, guidé par d'autres initiés, comme en 1984 par mon ami Grégory Paxson qui m'a aidé à retrouver Govenka, la druidesse celte. Mais le Roi Ailé fait partie de séquences que j'ai commencé à exhumer lors d'expériences ascensionnelles vécues au Monroe Institute en Virginie. Cet institut travaille avec des sons et des musiques spécifiques permettant une synchronisation des lobes temporaux et des hémisphères cérébraux, qui facilite le voyage hors du temps.

Rhwall est apparu lors d'une séance en avril 1994. Au cours de cet extraordinaire voyage, j'ai eu la sensation de vivre toutes les expériences de Rhwall et pourtant j'étais Patrick Drouot, en 1994 au Monroe Institute. J'en étais conscient mais en même temps, j'étais là-bas, huit à dix mille ans plus tôt. J'évoluais littéralement sur deux époques à la fois. Avec beaucoup d'intensité. L'expérience chamanique de Rhwall, qui fait écho à celle de Govenka, a été pour moi étonnante à vivre. Dans la longue chaîne des voyages successifs à travers les âges, l'énergie de ces deux personnages vit à travers moi. Ce qu'ils ont eu et hérité, je l'ai aussi. Dans mon premier ouvrage *Nous sommes tous immortels* [1], j'ai écrit que j'avais eu l'intuition et plus tard la certitude qu'en un temps très court, Véda, cet « être d'énergie », m'avait communiqué à travers Govenka une quantité fantastique d'informations. Le contact que Govenka avait eu à travers Véda était littéralement passé à travers moi. Tout comme les expériences extra-corporelles de Rhwall, sa rencontre avec la femme à peau bleue, la déesse de la lune connectée à l'énergie des sept étoiles.

A ce stade, il est utile d'éclairer le lecteur sur ce qui semble bien être un rite initiatique pour le chasseur de l'âge de pierre. Tout au long de l'histoire, la plupart des civilisations ont accordé la plus grande importance aux états non ordinaires de conscience et aux états visionnaires. Beaucoup d'entre elles possédaient même une cartographie remarquable du voyage intérieur et n'ignoraient rien du potentiel curatif de ces états, au point d'avoir développé divers rituels. L'expérience vécue par celui qui, plus tard, allait devenir l'Ailé, correspond à certains aspects du cha-

---

1. Editions du Rocher, 1987.

manisme à travers les âges. A la fois un art de guérir et la plus ancienne religion de l'humanité. Cependant, le chamanisme n'est pas une religion en tant que telle mais représente plutôt une série de méthodes permettant d'ouvrir son esprit et d'accéder à d'autres niveaux de conscience.

En relation étroite avec cette méthodologie coexistent les rites de passage basés sur les anciens mystères de la mort et de la renaissance tels qu'ils se pratiquaient en Egypte, en Grèce, en Amérique centrale et en bien d'autres pays de la planète. Dans ces états de conscience inhabituels on peut faire des incursions vers d'autres royaumes. Les voyageurs de la conscience de la préhistoire furent les premiers explorateurs et les premiers cartographes de ces paysages intérieurs. Il s'agit là d'un phénomène universel, extrêmement ancien et l'on retrouve sa trace jusqu'à l'ère paléolithique, c'est-à-dire jusqu'à vingt ou trente mille ans avant notre ère.

Au cours de son voyage, Rhwall a visité d'autres dimensions de réalité dont beaucoup sont de nature mythologique, fantastique et spirituelle. Dans ce type d'expériences, l'explorateur rencontre des ancêtres, des guides spirituels, des divinités, des démons ou d'autres êtres fantastiques comme par exemple la déesse de la lune à peau bleue. A un moment donné, Rhwall s'élève à travers un animal totem, en l'occurrence le cheval ailé qui l'emmène à la rencontre de la déesse lunaire.

Les types d'expériences varient selon les époques, mais semblent s'articuler autour d'un noyau central qui comporte trois phases caractéristiques. L'aventure commence par un voyage dans le royaume de la mort, puis vient l'expérience extatique d'une ascension vers les régions célestes et éventuellement l'acquisition d'un pouvoir surnaturel comme des perceptions inhabituelles (la possibilité de prévoir les migrations des troupeaux, les orages, etc.).

Le stade final est le retour et surtout l'intégration de ces aventures extraordinaires dans la vie quotidienne. A la suite de son expérience, Rhwall vit une renaissance ou une résurrection. Il a le sentiment de recevoir une nouvelle chair, un nouveau sang, de nouveaux yeux enrichis d'une nouvelle énergie surnaturelle.

A travers les âges, c'est une somme de connaissances énorme qui s'est transmise de bouche à oreille entre les hommes, les femmes, les sages, les saints, les initiés et qui ne cesse d'être confirmée par les expériences personnelles. Il y a là les gardiens d'une ancienne connaissance des états non ordinaires de conscience qui représentent une précieuse source d'informations sur les processus impliqués dans les crises de transformation, sur les phases de mort et de renaissance, non seulement mystiques mais personnelles.

Les enseignements oraux et les traditions de la plus haute antiquité jusqu'à nos jours, les grands courants spirituels et les chasseurs des premiers âges parlent de dimensions autres que celles de la vie de tous les jours. Les histoires murmurées au coin du feu dans les grottes, les cavernes, dans les premiers villages de l'humanité, dans les cryptes souterraines, dans les temples, ou les cathédrales mégalithiques, parlent d'hommes, de femmes, de gens ordinaires, disant être entrés en contact avec une vérité autre que celle de la vie quotidienne.

De toutes les recherches entreprises depuis une trentaine d'années, principalement aux États-Unis, il apparaît que l'être humain possède en lui la faculté d'accéder de manière tout à fait naturelle à des états de conscience différents qui lui permettent d'entrer dans une dimension hors de l'espace-temps et de l'univers des cinq sens. Ces états portent divers noms, mais nous pouvons simplement les appeler « états d'expansion de conscience ». Ils reflètent une réalité qui se rapproche à la fois des enseignements mystiques de tous les âges, de notre connaissance ésotérique, des milliers de témoignages à travers les âges et des données de la physique moderne.

C'est dans un tel état d'expansion temporelle de la conscience que je me trouvais lorsque je suis remonté de plus de neuf mille ans dans mon propre passé pour me retrouver dans la personne de Rhwall. J'ai choisi de vous faire partager ce voyage sous la forme d'un récit mais il ne comporte rien d'onirique ni de romanesque. Toutes les descriptions qui le composent, événements et lieux, sont rigoureusement exactes. En outre, j'ai pu faire des recoupements avec d'autres témoignages : l'axe que Rhwall décrit ressemble étrangement à l'*axis mundi*, l'axe du monde, qu'un certain nombre de visionnaires ont décrit à travers les âges.

A la suite de cette expérience, la recherche que j'ai entreprise depuis maintenant quinze ans s'est confirmée. De nouveaux horizons continuent à s'ouvrir dans mon existence. Après avoir fait preuve d'un scepticisme cartésien de bon aloi, je suis passé à une conviction intime. Mes références ne s'appuient plus sur des témoignages extérieurs mais sur un vécu définitivement personnel. Chaque étape franchie enrichit ma compréhension du processus qui permet de ramener à la conscience des événements qui ne se sont pas déroulés dans la vie présente. Ainsi, c'est dans un état d'expansion de la conscience qu'il nous est possible de retourner dans notre passé et de réactiver les mémoires de temps anciens.

Ce voyage que je viens d'effectuer et qui m'a permis de retrouver Rhwall est loin d'être un cas unique. Aujourd'hui, j'ai formé environ deux cents « guides » capables de conduire des expériences similaires. Des centaines, voire des milliers de personnes en Europe occidentale et aux États-Unis se livrent actuellement à des recherches poussées sur ce qui apparaît comme des possibilités inexploitées de l'être humain. La phénomène semble d'ailleurs dépasser les frontières du monde occidental. Il y a quelques mois, j'ai été invité par un organisme officiel bulgare à participer à une conférence sur ce thème à Sofia. Mon premier ouvrage *Nous sommes tous immortels* (1987, aux Editions du Rocher) a été traduit en six langues, sans compter le bulgare. Preuve que les pays ex-communistes commencent eux aussi à s'intéresser de près aux états d'expansion de conscience et à leurs prolongements.

Lorsque l'on revit des expériences aussi puissantes que celle de Rhwall, on acquiert la certitude absolue que l'être du passé et celui du présent ne font qu'un, qu'ils sont la même entité, la même âme et que toute âme contient en elle toutes ses vies passées. A la suite de cette rencontre, comme de celle de Govenka, je me suis naturellement demandé si les événements entrevus avaient une quelconque réalité. J'en ai retiré la conviction personnelle, et non pas basée sur une quelconque foi, que la vie ne commence pas à la naissance et ne finit pas à la mort.

Ainsi, il m'apparaît que la vie, telle que nous, êtres humains, la ressentons, n'est que le succédané d'un principe d'organisation bien plus vaste. Les voyages dans le temps que peuvent vivre un grand nombre de personnes ne sont pas nécessairement aussi riches que les expériences décrites ci-dessus. La teneur de la vie que l'on explore dépend à la fois de ce que l'on recherche au départ et du degré d'ouverture de conscience de la personne. Il est possible de ramener du passé des moments franchement difficiles. A l'inverse, on peut être confronté à des événements heureux ou très banals. Il est fréquent qu'une première étape fournisse une clé pour accéder à un stade supérieur.

Dans le cas de Rhwall, j'étais parti sur le lien qui existait entre Govenka et cette tombe d'un passé lointain sur laquelle de temps à autre, des gens venaient se recueillir.

A partir d'expériences aussi abouties que celles de Govenka et de Rhwall, la question de savoir si la réincarnation existe ou non ne se pose pas. Du moins pas dans les mêmes termes. Mais d'autres interrogations demeurent : Qu'est-ce que la conscience ? Quelles sont ses véritables possibilités ? Dans quoi sommes-nous enfermés ? Quand on observe sur une large période de temps l'histoire officielle et non-officielle de ce monde ainsi que ses traditions, contes et légendes, il semble qu'à une époque mythique il y ait eu une cassure de la conscience chez l'être humain. Dans des temps très reculés, les humains semblent avoir su et auraient par la suite perdu cet état d'être. Adam et Eve n'ont peut-être pas été chassés du paradis par Dieu mais ils pourraient appartenir à cette catégorie d'humains qui bénéficia d'un état de conscience très avancé et qui un jour le perdit.

Toutefois les temps sont en pleine mutation. L'ère du fantassin intellectuel révolue, les voies d'ouverture de la conscience humaine sont à nouveau accessibles au plus grand nombre. Après quinze années d'investigation sur l'inconnu et sur les possibilités de la psyché humaine, j'en suis arrivé à la conclusion que les expériences décrites ci-dessus et bien d'autres, qui ne m'appartiennent pas nécessairement, dépassent largement le cadre du voyage dans le temps.

Ces expériences ont aussi une réalité dans le présent. C'est à travers mon propre présent qu'il m'a été possible d'entrer dans la réalité intemporelle de Rhwall, de Govenka et de Véda. Peut-être ne sont-ils que des symboles. Peu importe. Dans le cadre du travail jungien, les symboles ont tous un pouvoir et depuis les temps les plus reculés les

50

humains ont adoré certains aspects de la nature : la lune, le soleil et le serpent. Autant d'éléments considérés comme des catalyseurs de l'inconscient, des activateurs de potentiels ignorés par l'être humain. Aussi bien Véda, l'être qui est apparu à Govenka, que Rhwall et d'autres existent toujours en un autre temps, un autre lieu et vraisemblablement d'une manière simultanée. A plusieurs reprises, ils se sont manifestés dans le cadre de mon évolution personnelle. Mais les symboles qui apparaissent sous des formes parfois bien différentes ne cessent d'évoluer dans ma conscience d'aujourd'hui. Peut-être ne sont-ils que des clés spatio-temporelles, des voies qui mènent vers des univers vibratoires différents ?

Il est clair, comme le prouve l'ensemble des études sur ce sujet, que les états d'expansion de conscience sont des facultés innées et des possibilités liées à l'être humain. La communauté scientifique américaine s'est livrée à de nombreuses observations sur les modifications somatiques et bio-électriques d'un certain nombre de mystiques et de méditants ou de personnes placées dans un état méditatif profond, ou en état d'extase. Les conclusions laissent apparaître que des états spéciaux d'éveil peuvent être recréés très aisément sur des personnes provenant de divers horizons. Les témoignages sont étranges et terriblement troublants. En ce sens, il ne paraît guère possible aujourd'hui de mettre en doute la possibilité de voyager dans le temps. L'évolution des détracteurs au cours de ces dix ou quinze dernières années est d'ailleurs significative. Confrontés à des expériences de plus en plus probantes, nombre d'entre eux ont mis un bémol à leurs critiques. Certains scientifiques eux-mêmes s'interrogent. Les travaux de la physique moderne ont mis en évidence l'existence de dimensions hors du temps, ainsi que les notions d'anti-matière et d'anti-univers.

Cette évolution me semble aller dans le sens de l'histoire. Dans mon premier ouvrage [1], je supposais que dans les années à venir de plus en plus de personnes allaient accéder à ces d'expériences réservées à un petit nombre. Ceci se vérifie. Mais parallèlement, nous devons prendre garde à ne pas devenir des apprentis sorciers. Il est nécessaire et urgent aujourd'hui de bien structurer certains travaux et recherches, de brider certaines expériences.

Il n'empêche : un mouvement important a été mis en marche. La vision directe d'une réalité qui se rapproche des concepts d'une physique holistique devient une réalité de tous les jours pour chacun d'entre nous. Le fait de vivre des états d'expansion de conscience peut-il nous aider à tirer des enseignements utiles pour notre comportement journalier et notre vie quotidienne ? C'est réellement là une question fondamentale. Nous sommes actuellement en train de l'étudier. De la réponse dépend en grande partie l'évolution qui caractérisera le siècle prochain.

---

1. *Nous sommes tous immortels, op. cit.*

CHAPITRE 2

VOYAGES TEMPORELS ET RÉINCARNATION

LES MYSTÈRES DU TEMPS

« O temps, suspends ton vol », implorait Lamartine. Mais le cri du poète est impuissant à arrêter le cours des secondes, des heures et des jours qui passent. Le temps, tout du moins tel que l'homme moderne l'a conçu depuis la Renaissance, est principalement « fuite ». Dans notre quotidien, il possède une dimension unique, il est unidirectionnel dans son écoulement. Irréversible, il nous pousse inexorablement du passé vers le futur, sans nous laisser la possibilité de revenir en arrière.

Le thème du temps jalonne l'histoire de l'humanité. Des générations de penseurs, de philosophes, de poètes, de scientifiques, ont essayé de le saisir, de l'apprivoiser, de le capturer, de l'analyser. En vain. Aujourd'hui encore, nous ne savons pas réellement ce qu'est le temps. Nous ne sommes même pas sûrs de son existence. Est-ce une illusion créée par nos cinq sens ou une matière particulière s'intégrant à la trame de l'univers ?

Question complexe, à laquelle nous pouvons aujourd'hui apporter des éléments de réponses grâce aux témoignages des centaines de personnes ayant accompli des voyages au-delà des cinq sens. Dans l'univers de l'esprit, la notion de temps disparaît. Le présent, le futur, le passé s'interpénètrent et ne font plus qu'un. Cette transcendance de l'espace-temps est un des paramètres que l'on retrouve d'une manière constante dans tous les états d'expansion de conscience. Dès qu'une personne entre dans un état différent de la réalité quotidienne, elle accède à une autre dimension où l'espace einsteinien n'existe plus et où le temps est aboli.

Nous pensons connaître notre environnement physique, percevoir avec certitude la réalité qui nous entoure. En fait, nous n'appréhendons la nature qu'à travers notre propre image. Il s'agit d'une restriction capitale car cela signifie que nous ne saisissons qu'une toute petite partie de ce qui est véritablement. La physique moderne a commencé à nous habituer à des découvertes particulièrement étranges, telles que les particules sub-atomiques appelées « quarks », qui n'existent pas nécessairement. Et pourtant elles existent !

Il est difficile pour nous d'imaginer que tout ce nous possédons est entièrement fondé sur quelque chose qui pourrait ne pas exister, ne pas être. La vie traverse des tendances extraordinaires engendrées par des concepts révolutionnaires, comme le fait que les découvertes des scientifiques contribuent à créer leur propre science. Ainsi en est-il du temps qui est réellement abstrait et surtout illusoire. Dans la vie de tous les jours, nous sommes piégés par le flux temporel mais il est possible de voyager dans le temps. La machine inventée par l'écrivain britannique H.G. Wells existe vraiment. Elle se trouve simplement entre nos deux oreilles.

Il y a une distinction fondamentale à faire entre ce qu'on appelle le voyage temporel et le rappel à la conscience de vies antérieures. Dans le premier cas, une personne se déplace le long de la trame temporelle et, éventuellement, s'en éloigne pour se rendre compte que tout est créé par l'esprit. Par contre, dans le concept dit de réincarnation ou de mémoires antérieures, le sujet retrouve des événements qui semblent lui appartenir, mais qui ne proviennent pas de sa vie présente.

Le temps est l'une des grandes expériences archétypales de l'être humain ; il a défié toutes les tentatives scientifiques tendant à en donner une explication rationnelle. Il n'est donc pas surprenant qu'il ait été considéré comme une déité, peut-être même la forme manifestée d'une déité suprême à travers laquelle flotte la rivière du temps. Dans la physique moderne, le temps fait partie d'un cadre mathématique que nous utilisons pour décrire des événements physiques. L'esprit des chasseurs de l'âge de pierre, que ce soit celui de Rhwall ou des ses incarnations antérieures, ne faisait pratiquement pas de distinction entre le monde intérieur et le monde extérieur, le monde matériel et le monde psychique. Les êtres humains de cette époque où les chamans de tous les âges ont vécu à la fois dans un flux d'expériences extérieures, c'est-à-dire du monde manifesté, et dans un flux d'expériences intérieures, par lesquelles ils ont pu voyager le long de la trame temporelle et s'en dégager pour se rendre compte que le temps n'existe pas en tant que tel.

J'ai eu l'occasion de me rendre plusieurs fois chez les indiens Hopis, en particulier ceux de la deuxième Mesa à l'extrême nord-est de l'Arizona. Au milieu des immensités sauvages, j'ai rencontré des conteurs, hommes et femmes très âgés, au visage buriné et couvert de rides, aux mains noueuses. J'ai entendu leur voix et leur évocation d'une Amérique mythique, d'un temps incommensurable, d'un inconscient aux archétypes aussi énigmatiques que le sont les pétroglyphes qu'ont gravé sur les falaises alentour les Anasazis, un peuple mystérieux qui vécut sur cette terre aride bien avant les Hopis, lesquels apparaissent de cette manière comme leurs descendants, du moins comme les continuateurs d'une civilisation très ancienne. Or, nos concepts occidentaux de passé, présent et futur n'existent pas chez les Hopis. On n'en trouve aucune trace dans leur langage. Leur univers se scinde en deux parties : ce qui est manifesté, donc « objectif », et ce qui commence à se manifester et qui par conséquent est « subjectif ». Les objets concrets, qui se sont manifesté de cette manière, appartiennent au passé ; les images internes, les attentes, les représentations et les sentiments qui sont sur le chemin de la manifestation sont subjectifs et appartiennent au futur. Le présent est comme une lame de rasoir sur laquelle quelque chose cesse de commencer à se manifester (est donc déjà au passé) et se trouve sur le point de commencer à se manifester. Chez les conteurs Hopis de la deuxième Mesa, il n'y a pas de flux temporel continu mais une multiplicité d'événements subtils distincts.

Depuis toujours, j'ai été littéralement fasciné par le temps et me suis demandé si on pouvait le stopper, le tordre comme un fil de fer. Au long de mes expériences, aussi bien personnelles que celles que j'ai fait vivre à des milliers de personnes, je me suis rendu compte que le temps correspondait au substrat mythologique sur lequel s'articulait la psyché humaine. Ainsi, à l'origine, le temps était la vie elle-même et appartenait au mystère divin. Pour étayer mes recherches, j'ai lu et relu une quantité importante de documents et en particulier des ouvrages relatifs aux mythes de l'humanité. J'y ai trouvé, sous une forme voilée, des explications à partir de la création de ses dieux antiques. Le fait que le temps appartienne au divin mystère se retrouve chez les Grecs anciens. Ils l'ont identifié avec la rivière divine Océanos, qui entoure la terre d'un cercle et qui enveloppe également l'univers sous la forme d'un flux circulaire, d'un serpent qui se mord la queue et porte le zodiaque sur son dos. Ceci a été également appelé *chronos* (le temps) identifié plus tard à Chronos, le père de Zeus.

Je me rappelle encore aujourd'hui une expérience que j'ai eue il y a plusieurs années et qui m'a conduit vers les tréfonds de l'humanité, à une époque où le temps existait hors du temps. Je me suis retrouvé soudainement devant des formes sombres que je n'arrivais pas à identifier. Ce n'est qu'au bout d'un moment que j'ai compris que je me trouvais face à des êtres entièrement drapés dans des tenues noires. Il émanait de ces personnages une aura très mystérieuse.

Je leur posai une question mentale :

« Qui êtes -vous ? »

Ils répliquèrent immédiatement : « Nous sommes les gardiens du temps. »

J'interrogeai à nouveau : « Que voulez-vous dire ? »

La réponse, une fois encore, vint sous forme d'idéogrammes de concepts holographiques, et ils m'initièrent à l'un des mystères du temps : « L'essence même de la race humaine, pour descendre vers des plans vibratoires de plus en plus bas, a déclenché une illusion que les êtres du futur ont appelé le temps. Pour pouvoir se maintenir dans ce niveau de conscience inférieur, il a fallu se doter de véhicules de plus en plus densifiés pour "circuler" dans ce temps. Néanmoins, au cours de sa descente, il est arrivé un moment où la race humaine s'est densifiée à un point tel qu'elle a oublié avoir généré une illusion dans laquelle elle s'était "enkystée". »

– Mais alors quel est votre rôle ?

– Nous sommes là pour maintenir l'illusion du temps car, sans le temps, l'être humain ne pourrait pas vivre ou tout du moins subsister en tant que tel.

Ainsi, en repensant à tous les mythes anciens d'une

substance générative, le temps est donc le créateur et le destructeur de toutes choses. Les philosophes de la Grèce ancienne ne disaient-ils pas que la substance de base de l'univers était le temps *(chronos)* duquel provenaient les quatre éléments essentiels, la terre, l'eau, l'air et le feu.

Une autre civilisation, celle de l'Egypte, a elle aussi intégré le concept du temps à travers le dieu soleil Râ qui en fut le grand maître. A chaque heure du jour et de la nuit, cette déité changeait de forme. Elle devenait par exemple un scarabée ou descendait dans le monde souterrain sous l'aspect d'un crocodile. Au moment de sa résurrection, après minuit, Râ prenait la forme d'un double lion ; Routi, hier et demain, Osiris, dieu des morts et de la résurrection, qui lui aussi devint un dieu, dit de lui-même : « Je suis Hier, Aujourd'hui et Demain. » Osiris, dieu de la transformation divine vit dans la Maison de l'Eternité ou la maison des Millions d'années. Beaucoup de personnes sensibilisées par l'Egypte aujourd'hui, ou celles qui aiment la forme de l'Ankh, ne réalisent pas toujours ce que cela veut dire. Le dieu égyptien Heh personnifie le temps intemporel symbolisé par l'Ankh suspendu à son bras droit. Bien entendu, on retrouve le serpent, qui, en Egypte comme dans d'autres civilisations, était connecté au temps et symbolisait tout à la fois la vie et la mort. Chaque personne était protégée par un serpent-vie, démon du temps qui survivait après la mort.

Dans la *Bhagavad Gita,* ouvrage du IIIe ou IVe siècle avant J.-C. dans lequel se trouvent les écritures sacrées de l'Inde, les védas, il est spécifié que Vishnou et Shiva représentent le temps. Vishnou, conservateur du monde, symbolise l'énergie de l'univers, créant et soutenant les formes dans lesquelles lui-même se manifeste. Shiva est appelé Maha Kala, « le grand temps », ou Kala Roudra, « le temps qui dévore tout ». Shakti, ou énergie active, est, dans sa forme destructive, personnifiée par la terrifiante déesse Kali, qui est le temps, puisque Kali est la forme féminine de Kala, le temps de couleur bleu noir et la mort.

J'ai été fasciné par le fait qu'un certain nombre de personnes qui revivaient leur naissance basculaient dans des formes archétypales dans lesquelles apparaissent des images de Kali. Dans le ventre de sa mère, le bébé est encore intemporel, mais au moment de la naissance, il quitte le monde intemporel pour entrer dans celui de Kali. Tous les êtres humains exécutent la danse de Kali, c'est-à-dire le bal du temps. Les enseignements mystiques de l'Inde considèrent ce monde comme irréel. Le temps est spécialement perçu par l'âme non-illuminée vivant une réalité propre, mais en fait, ce monde changeant est illusoire. Ainsi le jour éternel est-il dieu lui-même.

Bien que les techniques et les méthodes relatives au voyage temporel et à l'accession à des vies antérieures soient similaires, les finalités de ces deux types de « voyages » sont différentes. Pour les phénomènes de réincarnations et de mémoires antérieures, l'être va principalement travailler au niveau individuel alors que dans le concept du voyage dans le temps, il va s'articuler sur un substrat mythique, mythologique, qu'il dépassera peu à peu. Le temps est tout d'abord englobé, puis dépassé.

L'histoire du monde, ou certaines époques de cette histoire, commencent à surgir peu à peu devant la conscience de la personne. Progressivement, elle se rend compte de ce qu'elle a été et de ce qu'elle va être. Mais comme dans la danse de Kali, tout se confond en un point unique. Alors, le temps existe-t-il ? Oui, dans le quotidien, mais non à un autre niveau de conscience.

NAISSANCE DES TECHNIQUES D'EXPLORATION DE LA PSYCHÉ HUMAINE

Ce n'est pas un hasard si les recherches scientifiques sur l'exploration de la psyché humaine prennent un réel essor dans l'Amérique des années cinquante. Ce pays neuf qui n'a jamais totalement réalisé son unité culturelle connaît un bouleversement sans précédent. La guerre froide succède à l'euphorie de la victoire, l'allié d'hier est devenu l'ennemi. Le maccarthysme conjure la peur en exaltant les valeurs traditionnelles, d'un côté l'individualisme des pionniers de l'Ouest, de l'autre le conformisme rigide des puritains. Mais les excès de la chasse aux sorcières, la multiplication des procès mettant en accusation tous ceux qui de près ou de loin sont soupçonnés d'être les agents de Moscou ne tardent pas à engendrer des réactions contestataires. D'abord limités à la politique, certains mouvements s'attaquent bientôt à tout le système de pensée de la société américaine.

Ainsi naît le courant de la contre-culture dont Jerry Rubin est l'un des principaux théoriciens. Il prône une culture en marge, née spontanément de la masse et non corrompue par les organismes officiels. Il est rejoint dans son analyse par le philosophe américain, d'origine russe, Ivan Illitch qui s'attaque à la médecine et à l'éducation, institutions jusque-là intouchables, en déclarant que l'école fabrique des ignorants et que la médecine rend malade.

Ce sont là les premiers grains de sable qui enrayent les rouages bien huilés de la société traditionnelle américaine. La fissure va bientôt s'aggrandir avec la naissance du mouvement beatnick qui pousse le refus du monde jusqu'à le fuir en partant sur les routes, à l'exemple de deux de ses principaux chefs de file, les écrivains Jack Kérouac et Allen Ginsberg.

Les premiers beatniks ouvrent la voie à la vague hippie qui déferle sur l'Amérique dans les années soixante. Le mouvement, qui séduit une large partie de la jeunesse, rejette les valeurs morales établies et en exalte de nouvelles, fondées sur l'amour, la non-violence, le pacifisme, la liberté pour chacun de disposer de son corps et de sa vie comme il l'entend. Cette quête hors des sentiers battus passe par une grande curiosité pour toutes les expériences nouvelles. On se passionne pour l'idéologie de l'Inde, du Pakistan, du Tibet, du Népal. C'est l'époque des pèlerinages à Katmandou. Les raisons mystiques qui poussent à ce périple céderont rapidement le pas sur la perspective de trouver facilement de la drogue, celle qui permet le voyage immobile.

La drogue comme moyen d'expansion de conscience est une des méthodes utilisées par Timothy Leary, psychiatre et directeur de recherches à l'université de Harvard qui, au milieu des années soixante, mène avec ses étudiants une série d'expériences à partir d'un dérivé synthétique de la mescaline, le LSD. Leary veut mettre en valeur le pouvoir suggestif et révélateur des hallucinogènes et du même coup, relativiser la science traditionnelle dont il conteste la prétention à pouvoir expliquer tout le réel. Au cours de ses voyages en Orient, Leary s'est initié aux rites védiques et au bouddhisme. Au Mexique, il a expérimenté les champignons hallucinogènes. Nourri des enseignements de l'Orient, il crée une mystique qui loue le pacifisme. Toute une jeunesse se rallie à sa pensée.

Alors que la guerre du Vietnam réclame de plus en plus de jeunes gens, la contestation s'accroît. Désertions, actes d'insoumission au cours desquels on brûle publiquement les livrets militaires se multiplient. C'est en substance l'histoire que conte la comédie musicale *Hair* au succès mondial. Les *sit-in*, opposant le pouvoir des fleurs au pouvoir des armes, se multiplient dans toutes les grandes villes. Le premier *love-in* qui réunit en 1966 des milliers de jeunes hippies dans les rues de San Francisco, marque un tournant décisif dans l'histoire américaine. La grand-messe de Woodstock, en 1969, apparaît comme l'apothéose du mouvement. Quatre cent mille jeunes chevelus, adeptes de la marijuana ou du LSD, se sont retrouvés pour vibrer au son du rock'n roll et aux accents de leurs idoles, Janis Joplin, Jimi Hendrix, Joan Baez, Joe Coocker, Bob Dylan...

La contestation de la jeunesse américaine qui préférera bientôt le terme *freaks* (monstre) à celui de hippie se poursuit dans les années soixante-dix. Il est certain que le formidable bouillonnement qui a marqué les quinze premières années de cette remise en cause du système a laissé des traces indélébiles dans tous les domaines : l'art s'est enrichi du courant psychédélique, la recherche, scientifique, sociologique et humaine, a considérablement évolué. Le courant qui exalte désormais la puissance de l'esprit et de la pensée ne va cesser de s'amplifier et les expériences vont s'enchaîner, ouvrant à chaque fois de nouvelles portes sur une autre aventure. Sans la drogue cependant. La répression exercée par le gouvernement – Timothy Leary est arrêté en 1966 pour usage et incitation à l'usage de stupéfiants – mais surtout l'effet nocif des hallucinogènes sur l'organisme conduisent les chercheurs à utiliser d'autres méthodes plus douces et tout aussi efficaces.

J'ai vécu aux États-Unis à partir de 1974 et je n'ai connu l'extraordinaire bouleversement des années soixante, qu'à travers le témoignage d'amis de mon âge qui faisaient bien sûr partie de ceux ayant rejeté les valeurs encensées par la génération précédente : Dieu, l'Amérique, le drapeau. Ils m'ont raconté comment des milliers de jeunes ont été enrôlés pour la guerre au Vietnam. Des étudiants, de Californie, du Texas ou de Louisiane, des ouvriers de vingt ans du Tennessee ou de l'Ohio partiront en Extrême-Orient. Plus de cinquante mille d'entre eux y laisseront leur vie, d'autres en reviendront gravement déstabilisés, marqués à jamais.

On m'a souvent demandé comment je pouvais aimer les USA avec ses villes tentaculaires, presque inhumaines, sa violence, sa société inégalitaire, ses problèmes raciaux... Pourtant, derrière les films de cinéma, les séries télévisées, les thrillers, il existe une autre Amérique, celle des Indiens des grandes plaines, des Pères fondateurs. En outre, c'est grâce à cette révolution de l'esprit que les précurseurs de l'étude de la conscience ont planté les racines d'une nouvelle forme de pensée, qui nous influence aujourd'hui, et qui vraisemblablement contient en germe celle du XXIe siècle.

Le bouleversement culturel, amorcé dans les années cinquante et qui se poursuit dans les décennies suivantes, touche bien entendu le monde scientifique. Ainsi, en psychanalyse et en psychiatrie naissent les bases d'une nouvelle typologie, la psychologie transpersonnelle. C'est le premier modèle psychologique de la psyché qui reconnaît spécifiquement les possibilités de l'esprit, capable de s'affranchir du corps et d'accéder à des expériences non reconnues par la science officielle. Parmi les membres fondateurs du mouvement, on peut citer Stanislav Grof, un psychiatre américain d'origine tchèque, Abraham Maslov, le père de la psychologie humaniste, Alan Watts, un maître zen oriental, Victor Frankl, rescapé de Dachau, créateur de la logothérapie. Bien d'autres savants, qui tous font autorité dans leurs domaines, pourraient allonger cette liste.

Un des phénomènes déclenchant les recherches menées

ces trente dernières années a été l'affaire Bridey Murphy. En 1956, le docteur Morey Bernstein fit revenir à la conscience d'une de ses patientes des éléments de vie antérieure. Cet événement prit alors une dimension tout à fait extraordinaire. L'histoire de cette jeune femme américaine qui, sous hypnose, redonnait vie à une jeune Anglaise du XIXᵉ siècle défraya la chronique et divisa le monde de la science et de la médecine. Certains rejetèrent cette histoire en refusant de prendre en compte les éléments qui pouvaient l'accréditer : durant les séances la jeune femme s'exprimait en gaélique, langue qu'elle ne parlait pas et ne comprenait pas en temps normal. Par ailleurs certains des détails donnés ont pu être vérifiés et reconnus comme authentiques. Face aux détracteurs, d'autres savants ont vu dans cette expérience une invitation à poursuivre les recherches dans ce domaine.

Pour les travaux que j'ai menés ces quinze dernières années, je me suis basé sur ceux des chercheurs des années soixante. Le mouvement transpersonnel est, sans aucun doute possible, un des modèles qui m'ont le plus influencé et m'ont permis d'expérimenter des états d'expansion de conscience au-delà des limites habituelles du temps et de l'espace, au-delà de l'univers des cinq sens. L'influence de ce mouvement fut considérable et marque une rupture fondamentale. Alors que toute la science traditionnelle était exclusivement basée sur l'observation extérieure, pour la première fois de jeunes chercheurs, anthropologues, psychologues, ethnologues, ont essayé de vivre les expériences que les sages, les saints et les mystiques ont déclaré avoir connu à travers les âges. Parallèlement, pour la première fois aussi, des lamas tibétains, des yogis hindous, des eroshis zen, des chamans, ont accepté de se placer dans des états de conscience modifiée en faisant mesurer leur activité bioélectrique et somatique ainsi que les changements de rythmes cérébraux correspondants. En outre, les travaux d'anthropologues qui ont séjourné parmi des tribus dites primitives et qui ont vécu des rituels les projetant au-delà des cinq sens, sont venus ajouter aux recherches un éclairage capital.

A partir des années soixante, des psycho-techniques vont permettre de repousser de plus en plus loin le champ de la conscience humaine. Ainsi, bien que les écoles psychologiques classiques refusent de croire à l'existence d'une mémoire fœtale, il est maintenant prouvé que la mémoire intra-utérine et les souvenirs de la vie fœtale ont une réalité. Il est possible de les faire revivre et de voir de quelle manière le vécu fœtal et le mécanisme de la naissance influent sur le comportement de la personne devenue adulte.

Les techniques de recherches aussi ont évolué. Dans les années soixante-dix, le gouvernement américain ayant interdit les recherches basées sur la gestion de drogues psychédéliques, nombre de scientifiques se lancent dans de nouvelles voies. Ainsi, Stanislav Grof qui, à l'instar de Timothy Leary, utilisait l'acide lysergique, le LSD, se tourne avec son équipe de la John Hopkins University, dans le Maryland, vers des techniques basées sur les méthodes de méditation orientale et sur la réunification des deux cerveaux. J'ai intégré les travaux de mes précurseurs et cela m'a conduit plus loin. J'étudie depuis une quinzaine d'années le Kriya Yoga ainsi que le bouddhisme tibétain et diverses voies chamaniques amérindiennes ou polynésiennes. J'ai intégré différents mouvements rythmiques, et des techniques de sons et de souffles qui permettent à un large public de dépasser graduellement l'univers des cinq sens. Parallèlement, j'ai mis au point des musiques à caractères holographiques que j'utilise dans mes expériences, aussi bien sur moi-même que pour celles que je fais vivre à autrui.

J'ai souvent rencontré des gens qui parlaient de ces phénomènes sans les avoir vécus personnellement. Peut-on alors avoir la prétention d'être crédible ? Je répète inlassablement qu'en ce qui me concerne je suis également capable de disserter longuement sur ce que je ne connais pas. Un jour, lors d'une conférence que je tenais devant une centaine de personnes, je me suis amusé un instant à délirer. Puis j'ai prévenu mon auditoire : « Ne croyez rien de ce que je vous ai dit à moins que vous ne l'ayez expérimenté vous-mêmes. » Il s'agit là d'un de mes principes de base. N'empêche, je me suis heurté à beaucoup de personnes faisant preuve de réactions épidermiques et demeurant murées dans un système de croyances cartésien alors qu'il leur serait salutaire de s'en évader de temps à autre.

Les faits sont là. Aujourd'hui, un nombre très important de personnes, peut-être plusieurs centaines de milliers, ont eu accès, dans tout le monde occidental, à des états non-ordinaires de conscience. Tout ce qu'elles ont vécu impose une évolution radicale de notre conception de la nature humaine et de l'univers. A maintes reprises, et je récidive chaque fois que j'en ai l'occasion, j'ai dénoncé le fossé qui sépare la pensée occidentale, issue du rationalisme cartésien, des possibilités réelles de la psyché. L'étude des civilisations, des mythes de toutes les races de l'humanité, les enseignements chamaniques, religieux, les textes sacrés, font état de phénomènes identiques, reconnus comme étant le résultat de pratiques méditatives et comme le signe d'un cheminement mystique.

J'ai participé à divers programmes de recherches, à des états non-ordinaires de conscience, dès la fin des années soixante-dix et il m'est immédiatement apparu que la science classique était incapable d'appréhender tout ce qui se rapportait à un au-delà de l'homme. Pourtant, nombre d'hommes et de femmes sous l'emprise d'un état visionnaire ont joué un rôle important dans l'Histoire. Les transes des chamans, les révélations des fondateurs de courants religieux, qu'ils soient prophètes, saints, maîtres spirituels, ont, par de telles élévations de conscience, été à la source de mouvements de foi, de guérisons dite miraculeuses ou de chefs-d'œuvre artistiques.

Nous vivons dans une société où le pragmatisme est de bon aloi. A partir de là, les états visionnaires ne sont plus considérés comme un prolongement normal de l'état de veille, mais comme une distorsion de l'activité mentale, une sorte de maladie. Au cours des trente dernières années, la situation a évolué. De nombreux chercheurs, des voyageurs de la conscience ainsi que des thérapeutes, ont noté que les personnes ayant intégré et traversé des états d'expansion de conscience en ont tiré un bénéficie indéniable aussi bien sur le plan physique que sur le plan moral. J'ai rencontré des psychiatres et des psychologues ayant émis l'hypothèse que ce procédé pouvait conduire à un mieux-être psychologique et spirituel des êtres souffrant de certains troubles psychiques, voire de certaines psychoses. J'ai moi-même eu l'occasion de l'expérimenter. Nous y reviendrons.

Vers la fin des années soixante-dix, à la lumière des expériences vécues par un grand nombre de personnes, des chercheurs ont analysé les résultats de leurs travaux. Ainsi Pierre Weil, docteur en psychologie, président de la troisième université holistique mondiale à Brasilia, proposa une classification très intéressante des paramètres qui se retrouvent d'une façon constante dans tous les états d'éveil. J'ai longuement développé ces paramètres dans mon premier ouvrage *Nous sommes tous immortels* [1], je n'y reviendrai donc que brièvement.

---

1. Éditions du Rocher, 1987.

Selon Pierre Weil, toutes les personnes accédant à des états d'expansion de conscience vivent en commun :

– *le sentiment d'unité.* On constate toujours la disparition du « moi » qui se fond dans un tout. Le « je » devient « nous », la conscience s'identifie à tout ce qui est ;

– *le caractère ineffable.* L'expérience ne peut être rapportée d'une façon précise avec les mots du langage usuel. Les personnes ont du mal à décrire ce qu'elles ressentent et ce qu'elles voient notamment lors des projections de conscience hors du corps, dans d'autres univers ;

– *le caractère noétique.* Ce qui est vécu dans ce type d'expérience est perçu comme réel, d'un degré de réalité bien plus intense que le quotidien ordinaire. J'ai entendu souvent des personnes me dire, en revenant de voyages dans le passé : « C'est incroyable, je pense que c'est le produit de mon imagination et pourtant tout était tellement réel » ;

– *la transcendance de l'espace-temps.* On entre dans une autre dimension où le temps n'existe plus et où l'espace à quatre dimensions disparaît. Généralement les personnes ressentent une compression naturelle, de sorte que quelques minutes leur paraissent durer des heures. Il est possible de « zoomer » le temps, de ramener les gens dix ans en arrière puis, sans transition, vingt ans dans le futur et ainsi de suite ;

– *le sentiment du sacré.* Beaucoup de personnes ont le sentiment de vivre quelque chose d'important, de grand, de sacré ;

– *la disparition de la crainte de la mort.* Dans ce paramètre, la vie est perçue comme éternelle et l'existence physique comme transitoire. La peur de la mort disparaît à partir du moment où les sujets prennent conscience qu'ils continuent à vivre alors même qu'ils ont la sensation de sortir de leur corps, ou même de ne plus avoir de corps du tout ;

– *l'audition de bruits et de sons cosmiques.* La tradition appelle ce paramètre, la musique des sphères ;

– *l'apparition des êtres d'énergies.* Ces êtres sont assimilables aux saints, dieux, anges et démons, des grandes traditions et religions. Thème très ancien de la rencontre avec des guides spirituels et avec des êtres de l'au-delà provoque un sentiment d'élévation morale et spirituelle parfois considérable ;

– *la sensation de pénétrer complètement les êtres et les choses de l'univers.* Le sujet peut se retrouver dans une autre dimension de l'espace et du temps tout en ayant conscience d'être présent partout à la fois ;

– *le déverrouillage d'une conscience universelle,* que l'on peut aussi nommer mémoire karmique. Les phénomènes d'incarnation se retrouvent d'une manière extrêmement fréquente. Illusion ou réalité ? C'est un point que je développerai ultérieurement.

Au bout de quelques années de recherches, vers 1985, il m'est apparu qu'il n'existait aucun système occidental capable de décrire tous ces phénomènes qui se produisent d'une manière extrêmement fréquente. Il était alors indispensable de se référer aux enseignements sacrés de tous les âges. Le spectre complet de la conscience humaine ne peut être décrit à l'aide d'un système de pensée unique. Un philosophe des sciences américain, Ken Wilber, a développé un concept très intéressant de la psyché humaine. Dans ses ouvrages, *Spectrum of Conciousness* et *Up from Eden*, Wilber reconnaît l'existence de cinq bandes de conscience principales. La première bande est celle de l'esprit universel, la réalité absolue de l'univers illimité et éternel. Ce niveau représente le seul véritable état de conscience, tous les autres ne sont qu'illusions. L'ensemble des religions et des philosophies sont unanimes sur ce point. La seconde est celle des bandes transpersonnelles, domaine des manifestations archétypales, telles que décrites ci-dessus, et des phénomènes paranormaux, les voyages dans le temps, la rencontre avec des êtres d'énergie, le retour vers une matrice originelle, les états de projection de conscience hors du corps, les régressions dans les vies antérieures, etc. Vient ensuite le niveau existentiel caractérisé par l'identification au corps physique existant dans l'espace temps classique ou plus simplement dans le quotidien. C'est le premier stade où est parfaitement définie la cassure qui sépare l'être et autrui, le soi et l'environnement. Arrive ensuite le niveau de l'ego. Cette identification implique une représentation mentale de l'organisme, l'image de soi. Enfin, le niveau de l'ombre représente la réduction ultime de l'identité. Les personnes n'ont alors que peu de conscience de leur environnement et d'elles-mêmes, sinon une image de soi appauvrie et imprécise. Dans ce contexte, les éléments psychologiques trop douloureux, ou considérés comme mauvais et inacceptables, sont rejetés et forment le contenu de l'ombre. Jung l'avait déjà compris dès les années cinquante.

On l'a vu ces dernières années, les recherches ont évolué d'une façon spectaculaire. Pas suffisamment toutefois pour permettre aujourd'hui de prouver de manière pragmatique la réalité de la réincarnation. En revanche, ce qui est constaté d'une manière quasi répétitive, et ne peut être mis en doute, c'est le potentiel extraordinairement curatif et thérapeutique du phénomène. Un grand nombre de personnes sincères, de chercheurs, de thérapeutes, de scientifiques, a franchi le pas et essayé d'explorer les univers au-delà de la conscience. Fred Wolf, un physicien titulaire d'un doctorat en physique théorique parle de lui-même, de la nature du temps et de ses expériences éventuelles de vies antérieures. Il s'interroge : « S'agit-il de vies intérieures ou de vies antérieures ? La question mérite d'être posée, mais le phénomène est là. »

L'ensemble de mes recherches effectuées à partir des expériences que j'ai vécues ou fait vivre à d'autres personnes m'a conduit à penser que notre vision occidentale actuelle de la réalité et de la structure bioénergétique de l'être humain est superficielle, incomplète et erronée. Une des caractéristiques essentielles des états de modification ou d'expansion de conscience est la transcendance de l'espace-temps. Des scènes appartenant à des époques différentes, qui pour nous sont donc séparées sur le plan temporel, arrivent à se dérouler en même temps pour l'observateur. Le passé se conjugue alors au présent. Quand je suis face à une personne qui, lors d'une régression, vit un événement traumatisant, je lui fais construire un pont temporel entre le passé et le présent. Elle est alors capable d'appréhender simultanément les deux époques, de percevoir ses vies de manière alternative et de découvrir entre elles des relations significatives. Cette méthode se distingue fondamentalement de la parapsychologie qui va s'attacher à la certitude scientifique et essayer de prouver ou de piéger le phénomène, alors que le mystique ira chercher les causes dans un au-delà, très loin, au sein du domaine inexploré de la psyché humaine.

Pour illustrer ceci, je pense à l'histoire de la quête légendaire du Graal contée par Chrétien de Troyes au XIIᵉ siècle. Gauvin et ses amis sont à la recherche du saint Graal. Après avoir déjoué les nombreux pièges qui sont autant d'obstacles initiatiques, ils arrivent près d'une forêt illuminée par un arbre qui, dirent-ils, éclairait comme cent mille bougies. Gauvin et ses amis, fascinés, s'arrêtent un moment puis poursuivent leur chemin. Perceval, celui qui va percer le secret, voit également l'arbre aux cent mille bougies, mais au lieu de s'éloigner, il pénètre dans la forêt et découvre le château du Roi Pêcheur, où est caché le saint Graal. Les vies passées et les voyages dans le temps sont, d'une certaine manière, comparables à l'arbre aux cent mille bougies. Il ne suffit pas de s'arrêter là, mais il faut y voir les signes lumineux d'une vérité transcendante qui nous reste encore, non seulement à découvrir, mais surtout à intégrer.

ASPECTS THÉRAPEUTIQUES, PHILOSOPHIQUES ET SPIRITUELS. TECHNIQUES ET CAS

On l'a vu, la disparition de la crainte de la mort est un paramètre essentiel des états d'expansion de conscience.

Pour les personnes accédant à des voyages dans le temps, l'éternelle question de la survie après la mort physique ne se pose plus. Et pourtant les faits que nous transcendions la mort et que nous renaissions à nouveau représentent les deux questions les plus importantes que nous puissions nous poser. A l'instar de tant d'autres chercheurs, j'ai souvent dit que prouver le phénomène était une chose, mais qu'il y avait d'autres aspects beaucoup plus importants et directement vérifiables. Je pense notamment aux effets thérapeutiques que j'ai, à maintes reprises, eu l'occasion de constater au cours de mes expériences. Dans mes deux premiers ouvrages *Nous sommes tous immortels* et *Des vies antérieures aux vies futures* [1], j'ai rapporté un certain nombre de cas remarquables. Depuis la liste s'est considérablement allongée. Preuve que le phénomène ne se démentit pas.

L'état actuel de nos connaissances permet d'affirmer que le corps recèle et contient en mémoire non seulement

---

1. Éditions du Rocher.

74

l'empreinte des événements que nous traversons dans la vie présente mais aussi celle d'événements vécus auparavant. C'est la raison pour laquelle j'ai utilisé le terme de champ de bataille karmique.

J'ai connu, il y a quelque temps, le cas d'une femme de soixante-dix ans qui souffrait de brûlures continuelles aux pieds. Cela faisait trente ans qu'elle endurait ce mal que rien ne semblait pouvoir soulager. Elle me confirma qu'elle avait consulté un grand nombre de médecins et de spécialistes. Elle avait vu des hypnotiseurs, acupuncteurs, homéopathes, rebouteux et fait réaliser toute sorte d'examens qui n'avaient révélé aucune lésion physique. Bref, elle avait apparemment effectué toutes les démarches possibles, sans résultat.

– Rien à faire, me dit-elle, mes pieds me brûlent toujours. Quand la douleur devient trop insupportable, je suis obligée de les envelopper dans des linges humides. La nuit, je dois marcher pendant des heures sur le carrelage froid de ma cuisine.

Je lui fis revivre le voyage au-delà du temps. Elle ramena à la conscience une vie antérieure où elle périssait brûlée vive sur un bûcher. Curieusement, elle mourait à l'âge où elle avait commencé à ressentir ses brûlures aux pieds dans le présent. Coïncidence ? Peut-être. Il n'en demeure pas moins que, suite à cette révélation, cette femme fut totalement soulagée ; les brûlures cessèrent tout à fait et ne sont pas réapparues depuis.

Le cas de Marie-Jeanne est également symbolique de cette mémoire du corps. Elle se manifesta pour elle par de vraies lésions physiques. Marie-Jeanne était venue travailler avec moi pour essayer de mieux comprendre certains aspects de sa vie. Elle avait presque quarante ans à l'époque et jusque-là sa vie affective et sentimentale n'avait pas été très heureuse.

75

Elle me confia qu'à vingt ans, elle était une jeune fille plutôt romantique. Son souhait le plus cher était de rencontrer un garçon qui l'aimerait et avec qui elle fonderait une famille. Elle ne manquait pas d'occasions mais une force obscure, qu'elle n'arrivait pas à surmonter, semblait s'opposer à ses vœux. Tous les hommes qui l'approchaient provoquaient en elle un sentiment de gêne, de refus, voire de rejet. Les années passaient et ce n'est que vers l'âge de trente-trois ans qu'elle rencontra l'homme qui devint son mari. Ils souhaitaient tous deux un enfant et décidèrent d'en avoir un. C'est alors que Marie-Jeanne fut à nouveau assaillie par ses anciennes angoisses quelque peu estompées par son mariage. Les mois s'écoulaient sans qu'elle tombe enceinte. Le couple effectua une série de tests qui révélèrent que « mécaniquement » tout était normal. Enfin, la troisième année, l'heureuse nouvelle arriva : Marie-Jeanne attendait un bébé. Tout semblait bien se passer, puis, à partir du quatrième mois, elle développa une douleur intense au niveau ovarien. Une visite médicale et une échographie révélèrent des kystes ovariens. On décida l'ablation de l'ovaire et l'opération eut lieu. La suite de la grossesse fut extrêmement difficile et Marie-Jeanne accoucha à huit mois d'un enfant prématuré, un garçon présentant un poids nettement en-dessous de la normale. L'enfant mourut trois semaines plus tard.

Bien sûr, on peut légitimement penser que l'opération a contrarié la naissance et le développement du bébé et une recherche aurait pu être menée à ce niveau. Mais pour Marie-Jeanne, le traumatisme de l'opération suivi de la perte de son enfant fut vécu comme quelque chose d'intensément émotionnel. Psychologiquement, l'impact de ces événements a été assimilé dans le même système d'expression condensée. Nous avons alors décidé de faire un travail ensemble pour essayer de comprendre pourquoi elle avait eu une grossesse aussi difficile et perdu son petit garçon.

Utilisant les techniques habituelles, je fis allonger Marie-Jeanne, un casque sur les oreilles et je commençai à la guider par la suggestion.

– Allez vers la cause, lui dis-je, la cause de la peur diffuse des hommes, des problèmes de grossesse.

Dès les premières séances, Marie-Jeanne se révéla un excellent sujet car elle bascula immédiatement dans un schéma antérieur et commença à donner une série d'explications.

– Je suis dans une grange, allongée sur un lit de fortune. J'ai le ventre en sang. Deux hommes sont à côté de moi, l'un d'eux tient un couteau à la main.

Je lui demandai de sortir de son corps afin qu'elle puisse revivre la scène en observateur, sans peine et sans émotion.

Marie-Jeanne continua à raconter plus calmement :

– L'homme qui tient un couteau est en train de m'ouvrir le ventre, l'autre semble complètement affolé. Je suis enceinte et la naissance est très difficile, ils essaient de m'aider en me faisant une césarienne avec des moyens de fortune et le peu de connaissances qu'ils ont.

– Pouvez-vous les décrire, à quelle époque vous situez-vous ?

– L'homme au couteau porte un pantalon. J'ai l'impression que c'est le XVIe siècle, c'est en tout cas la date qui me vient à l'esprit.

– Que ressentez-vous ?

– Je suis affolée, je ne veux pas mourir. Les hommes m'ont lié les mains pour que je ne les dérange pas. Je ne peux rien faire. Il y a du sang partout. Le bébé est là, il ne crie pas, il remue un peu mais il semble déjà mort.

Soudain, Marie-jeanne, la paysanne du XVIe siècle, se sentit glisser hors de son corps.

– Je suis en train mourir mais je ne veux pas quitter ce monde. Pourtant je m'en vais. Je vois toujours mon corps, mais c'est comme si je n'y étais plus attachée. Les deux hommes, mon mari et mon cousin, ont tout fait pour me sauver. Le bébé bouge encore un peu mais il va probablement mourir. Il n'y avait rien que je pouvais faire. Maintenant, je le sais, c'est dangereux d'avoir un enfant. Je ne veux plus avoir d'enfant !

A ce stade, j'incitai l'esprit qui allait devenir Marie-Jeanne plus tard à continuer son voyage. Je lui demandai de rechercher les liens qui existaient entre la scène dans cette grange et les événements vécus par Marie-Jeanne, afin de permettre à la douleur et à la tristesse de s'atténuer. Apparemment, ce traumatisme important, vécu par cette paysanne du passé, ce karma antérieur, a pesé fortement sur l'existence de Marie-Jeanne et peut expliquer son comportement, le rejet des hommes, le désir d'enfant et en même temps, sa peur intense. Ce qui est certain et vérifiable, c'est qu'à partir de ce moment là Marie-Jeanne a commencé à se sentir mieux. Ses problèmes gynécologiques constants ont totalement disparu à l'issue des séances faites par la suite.

Il est évident que dans notre société occidentale le fait de croire ou de ne pas croire à la survie au-delà de la mort physique et à la renaissance a d'importantes implications dans le comportement social et culturel. Bien sûr les rapports de toutes les sociétés du passé indiquent que nos ancêtres étaient préoccupés par les mêmes questions et, comme je l'ai précisé, peut-être même jusqu'à l'époque de l'âge de pierre. Néanmoins, je suis encore surpris aujourd'hui par le manque de travail sérieux de certains scientifiques qui disposent de moyens modernes. Pourtant, ces quarante dernières années, des chercheurs ont travaillé avec des sujets en expansion de conscience, tel Morey

Bernstein qui fit passer Bridey Murphy à la célébrité ou encore Edith Fioré que j'ai rencontrée en 1980. Cette psychothérapeute de San Diego a travaillé avec plusieurs milliers de personnes. Je peux encore citer Brian Weiss, un psychiatre très connu aux États-Unis ou Raymond Moody qui s'est intéressé au phénomène en 1991. Les conclusions de leurs expériences souvent étonnantes, suggèrent la réalité de vies antérieures et la survivance à notre mort physique de certains aspects de notre personnalité profonde.

D'un point de vue social et culturel les travaux sur les expériences de vie antérieures en expansion de conscience ne sont pas allés sans soulever des critiques intenses, parfois malveillantes, prouvant le peu d'égards de leurs auteurs pour l'objectivité. Certains accusateurs ont taxé d'incompétence et d'ignorance des phénomène liés à l'esprit, les personnes se livrant à ces recherches, soupçonnées parfois de provoquer des fausses mémoires. Ces mêmes détracteurs ne manquent pas de faire des mises en garde contre les dangers supposés des régressions dans les vies antérieures. En réponse, certains chercheurs, comme, en 1987, Ian Stevenson, professeur de psychiatrie à l'université de Virginie ou en 1981, les docteurs Anderson et Ven, ont examiné sincèrement la survie d'une conscience après la mort et le phénomène de renaissance, alors qu'ils n'étaient pas gagnés à la cause et n'admettaient pas d'une façon claire et nette la possibilité de vies antérieures.

J'ai noté à maintes reprises qu'un certain nombre de personnes, en général peu favorables à nos recherches, et sans aucun doute mal informées, parlent de l'outil hypnotique comme d'une méthode d'investigation dans les vies passées. Il est vrai que l'hypnose a été utilisée, et l'est encore par certains chercheurs américains. Cependant les techniques ont beaucoup évolué ces vingt dernières années et permettent aujourd'hui au sujet de rester entièrement conscient tout au long de l'expérience.

On se heurte également à des théories avançant que les soi-disant vies passées seraient en fait des fantaisies cérébrales élaborées à partir d'informations captées puis oubliées par la suite. On parle aussi de mémoire génétique, de possession de l'esprit, de la suggestivité des effets d'outrance et de trous mémoriels remplis avec des fausses mémoires, que le sujet accepte comme vraies (affabulation). Je peux cependant affirmer que l'immense majorité des personnes qui travaillent ou ont travaillé avec moi étaient émotionnellement stables. En règle générale, elles ne viennent chercher dans l'expérience aucun profit personnel mais désirent simplement comprendre certains aspects de leur existence.

On m'a souvent posé la question de savoir quelles implications religieuses pouvaient résulter de l'accès à des vies antérieures. Comme la plupart des Français, j'ai été élevé dans la religion catholique, et comme beaucoup de personnes, je m'en suis détaché vers l'âge de quinze, seize ans. Curieusement, c'est vers trente-cinq ans et en ayant vécu un certain nombre d'expériences de conscience élargie que j'ai ressenti le besoin d'un retour aux sources. Aujourd'hui, quand j'en ai le temps, je vais passer quelques jours dans une abbaye bénédictine pour méditer et m'interroger sur la portée et le sens de mes actions. Car, si l'aspect thérapeutique de ce genre de travail est incontestable, une large catégorie de personnes veut tenter l'expérience pour solutionner des problèmes physiologiques ou émotionnels. Il existe d'autres motivations tout aussi primordiales. Certaines personnes viennent y chercher une quête, une réponse mystique. Elles veulent comprendre pourquoi elles sont revenues à un moment donné dans un corps de chair. Les implications philosophiques et spirituelles d'une telle démarche sont parfois extraordinairement importantes.

Je n'oublie pas cette femme, ostéopathe à Paris, qui ramenait à la conscience une vie de médecin afghan, méditant nu dans la neige, à plusieurs milliers de mètres d'altitude, dans l'Himalaya. Je lui posai une série de questions pour essayer de savoir par quels moyens un homme pouvait survivre dans la neige par une température de moins dix ou moins quinze. L'être du passé qui s'exprimait à travers la femme du présent précisa : « Il y a une sensation de chaleur intense dans mon ventre. C'est extrêmement chaud, mais cela ne brûle pas. C'est comme si je provoquais une chaleur en faisant monter des énergies de mes jambes et en faisant descendre d'autres énergies de ma tête et de mon torse. Je les concentre dans mon ventre. Il y a une sorte de feu qui s'allume et qui se répand dans tout mon corps. Je ne sens plus le froid, j'ai chaud partout. »

Au premier degré cela semble stupéfiant, voire impossible. Pourtant, les livres contant la vie des maîtres tels ceux de Baird Spalding [1] ou encore de Lobsang Rampa [2] évoquent ces êtres particuliers qui arrivent à méditer au milieu du froid intense de l'Himalaya. L'explication existe. Lorsque le Bouddha a commencé à enseigner sous l'arbre Bodhi, il a reconnu que l'être humain était piégé par trois poisons, l'attachement, la colère et l'ignorance. Pour aider les hommes à sortir de ce trou infernal, il a créé le sentier octuple, la méditation sur le feu intérieur qui deviendra le bouddhisme Vajrayana du Cachemire et, à la sixième étape (il y a huit étapes qui prennent une vie à maîtriser), on apprend ce qu'on appelle l'embrasement des gouttes. La technique consiste à amener les énergies inférieures du

---

1. Robert Laffont, collection « Les énigmes de l'Univers ».
2. Collection « J'ai lu ».

corps juste au-dessous du deuxième chakra, deux doigts au-dessous du nombril, d'amener les énergies supérieures du corps juste au-dessus du même chakra, de visualiser la lettre « a » minuscule, qui est rouge et incandescente comme un charbon ardent. A l'aide d'une technique de contraction du périnée et de déglutition, les énergies supérieures et inférieures enferment le second chakra comme une amulette dans un écrin. Une dernière étape consiste à visualiser les énergies inférieures et supérieures, à pénétrer à l'intérieur du second chakra et à souffler sur la lettre « a » minuscule qui devient incandescente. A ce moment se produit le phénomène dit de l'embrasement des gouttes et les méditants ressentent une chaleur parfois importante.

En 1989, à Paris, au cours d'un séminaire qui avait pour thème « Mort et renaissance », j'ai expliqué et fait pratiquer cette technique à une centaine de personnes. Plusieurs dizaines de ceux qui l'ont expérimentée ont commencé à transpirer à grosses gouttes. Comment expliquer que des personnes ramènent à la conscience de telles choses alors qu'elles n'ont jamais rien lu et qu'elles n'ont aucune connaissance d'une technique aussi subtile ? Rêve ou réalité ? La magie du voyage dans le temps reste accessible au plus grand nombre.

CHAPITRE 3

VOYAGES AU-DELÀ DU TEMPS

L'ILLUSION DU MONDE INTÉRIEUR
ET DU MONDE EXTÉRIEUR

Un matin, un sage fut réveillé par les hurlements de sa femme. Elle entra en trombe dans la chambre où l'homme sommeillait et hurla : « Réveille-toi, réveille-toi, notre fils unique vient d'être tué. » L'homme se redressa, resta pensif pendant une minute et soudainement éclata en sanglots. La femme qui observait sa réaction se mit en colère et hurla : « Mais quelle sorte d'homme es-tu donc ? Je t'annonce que notre fils unique vient de mourir et tu mets une minute à manifester un quelconque signe de détresse. »

« Femme, lui dit le sage, lorsque tu m'as réveillé j'étais en train de rêver, et dans ce rêve, j'étais un roi, père de quatre fils. Nous étions partis à la guerre avec notre armée et nous venions de livrer combat. A l'issue d'une rude journée de bataille, nous étions vainqueurs, mais beaucoup des nôtres y avait laissé leur vie. Parmi les cadavres qui jonchaient la plaine se trouvaient les corps de mes propres fils. J'avais gagné, mais j'avais perdu mes fils. Ainsi lorsque tu m'as tiré de mon sommeil, il m'a fallu réfléchir pour savoir si j'allais pleurer mes quatre fils tombés au combat ou mon fils unique mort de ce côté-ci. » Pour ce sage, la réalité était strictement identique des deux côtés du miroir, le monde de son rêve était aussi réel que le monde concret.

Il en va de même pour les voyageurs du temps. A un certain moment, le passé, le présent et le futur se confondent en une trame harmonieuse où toutes les personnalités du passé fusionnent pour donner celle du présent. L'un des outils les plus intéressants d'exploration de la psyché est la psychosynthèse du psychiatre italien Roberto Assagioli. Ce dernier considérait que l'une de nos grandes illusions est la croyance selon laquelle nous serions immuables, indivisibles, totalement consistants. Pourtant, nos différents modèles de l'univers colorient notre perception et modifient notre manière d'être. Pour chacun de ces modèles nous développons une image précise de nous-mêmes et un jeu de postures, de gestes, de sentiments, de comportements, de mots, d'habitudes et de croyances. Cette constellation d'éléments constitue en elle-même une personnalité miniature ou, comme le rappelle Assagioli, une sous-personnalité. Les sous-personnalités sont des satellites psychologiques coexistant comme une multitude de vies à l'intérieur de notre personnalité. Les vies antérieures peuvent ainsi représenter un ensemble de sous-personnalités qui se fondent pour donner la personnalité du présent.

Dans le travail sur l'expansion temporelle de la conscience, nous nous déplaçons de la multiplicité vers l'unicité. La multiplicité caractérise le niveau de notre personnalité ordinaire, mais quand nous élevons peu à peu notre conscience, l'unité se substitue à la multiplicité. La vie émotionnelle devient harmonisée de la même manière que la diversité de ses parties se déplace vers la synthèse. « Maintenant, je me sens réellement "un" me disait récemment une jeune femme alors qu'auparavant j'étais éclatée en différentes parties conflictuelles. » L'unité peut aussi être expérimentée au niveau intellectuel lorsque nous découvrons la loi de la nature qui explique une multiplicité d'événements apparemment non liés. L'unité est trouvée dans une composition artistique, une symphonie ou une peinture, dans laquelle tous les éléments se placent en un entier tout à fait harmonieux.

Comme on l'a vu dans le chapitre précédent, la personnalité vit dans le temps. A ce niveau, nous avons la conviction que rien n'est permanent ni satisfaisant d'une manière constante. Aussi, se manifeste l'effet de la terreur du temps. Mais le « moi », ou cette partie de nous-mêmes qu'on pourrait appeler la conscience supérieure, vit en un temps hors du temps. La distinction entre les deux stades de pensée est particulièrement significative lorsque l'on repousse graduellement les limites de sa propre conscience. La plupart des êtres humains portent en eux une souffrance parfois intense, il est alors nécessaire de ramener la vision de la conscience supérieure vers la conscience incarnée. La personnalité ordinaire perçoit le monde comme étant structuré en formes (des pensées, des objets, des gens, toute chose est une forme). Or, la forme tend toujours à délimiter et, dans une phase finale, à emprisonner. En revanche, le monde de la conscience supérieure est expérimenté comme étant sans forme. Pour cette raison, les personnes qui ouvrent leur conscience et atteignent de ce fait un palier plus élevé de compréhension peuvent éprouver un sentiment de liberté et d'expansion au-delà de toute imagination.

J'ai souvent constaté, et ceci peut ressembler à de la psychothérapie classique, qu'un nombre très important d'hommes et de femmes réprimaient leurs émotions. Ils les stockaient, les masquaient, les enfouissaient au plus profond d'eux-mêmes et peu à peu se carapaçonnaient jusqu'à ne plus sentir la joie de vivre dans un corps de chair et à goûter le

« plaisir d'être en vie ». Pourtant, la liberté émotionnelle est l'état naturel d'une personnalité ayant atteint une maturité d'esprit. Cela constitue notre capacité de réagir aux événements du présent, sans l'intrusion de préjudices du passé. Cela reflète également notre aptitude à agir au meilleur de notre intérêt sans chercher l'approbation ou la permission des autres. Ceci est le résultat d'une attitude qui consiste à prendre les conflits de la vie comme ils viennent, à les accepter et à les traiter, plutôt que de les éluder ou de les déplacer.

J'ai eu à connaître un grand nombre de cas de ce type en travaillant ces dernières années avec des handicapés physiques. Nombre d'entre eux avaient subi un traumatisme important et supportaient mal leur condition qui générait en eux de la colère, du chagrin, des désordres émotionnels non exprimés.

CHARLES

Charles avait environ quarante-cinq ans lorsqu'il est venu me voir. A la suite d'un accident survenu pendant la préadolescence, il avait dû être amputé de la jambe droite. Il souffrait énormément de se sentir diminué et en même temps il avait des réactions extrêmement sèches, coléreuses et agressives, vis-à-vis de son entourage.

– Je voudrais, me dit-il, parvenir à une phase d'acceptation.

Il y a dans ce cas-là deux manières de travailler. Nous pouvons éventuellement voir s'il y a un lien karmique, et il y en aura effectivement un, mais aussi faire travailler la personne sur le présent. Le procédé consiste à la ramener en arrière, au moment où s'est produit le traumatisme. Pour

Charles, cela se situait juste à la frontière de l'enfance, le jour où il était passé sous un train. Il s'agissait donc d'un accident grave, très traumatisant pour lui. Il fallait ramener ce moment dans sa conscience supérieure, là où le temps n'existe pas, là où il y a l'acceptation de ce qui est, puis, faire descendre la compréhension de la conscience supérieure vers la conscience quotidienne.

Je choisis de faire plonger Charles dans son inconscient, en lui suggérant de descendre dans un puits. Au bout d'un quart d'heure, il commença à être extrêmement agité, puis entra dans une colère intense qui s'exprima par des reproches.

« Ce sont mes parents, dit-il, ils ne s'occupent pas de moi, c'est de leur faute, ils m'ont abandonné, il n'y a personne pour moi, personne qui s'occupe de moi... »

Il décrivit alors l'accident, les circonstances au cours desquelles il était tombé du train et passé en dessous, s'arrachant la jambe à moitié. En même temps, il ne décolérait pas contre ses parents : « Ils ne prennent pas soin de moi, il s'en moquent. Tout le monde s'en moque. Papa, maman, laissez-moi tranquille, partez, je ne veux plus vous voir. »

L'image bascula et Charles se retrouva à l'hôpital. « J'étais dans mon lit, en train de dormir, dit-il, ils m'ont réveillé pour me donner le repas. Mais je ne veux pas manger, je mets le plateau sur le sol. Les gens se mettent en colère après moi, ils veulent absolument que je mange. Mais je hais cela. Chaque morceau de moi est cette nourriture que l'on me présente. Je ne veux pas vivre, je préfère mourir plutôt que de vivre dans cet état. Il fait sombre, je me réveille, je regarde autour de moi et j'entends un enfant en train de pleurer et de crier. Je suis dans un hôpital pour enfants. Cet endroit est rempli de gens froids et indifférents qui n'interviennent pas. « Oh, ma jambe, ma jambe ! »

Charles exprimait une douleur violente. Brutalement, l'image bascula et il se retrouva soldat en 1917 engagé dans une bataille sur la Somme.

L'armée allemande, alertée par l'arrivée des premiers Américains, multipliait les offensives pour tenter de rompre le front des alliés. Le combat faisait rage. Charles se vit en fantassin, montant à l'assaut, courant dans la boue en compagnie de très nombreux autres soldats. Soudain, une grenade explosa près de lui et lui arracha une partie de la jambe droite. Il tomba et s'évanouit sous le choc de la douleur extraordinairement intense. Personne en cet instant ne pouvait le secourir. Il était criblé d'éclats et se vidait littéralement de son sang, il mourut en quelques minutes.

Mais il mourut en colère, enragé par le fait de ne pas pouvoir revoir les siens, de ne pas avoir été secouru. Cette colère il l'avait alors emmagasinée et le pattern se reproduisait dans cette vie. Dans une autre de ses vies antérieures, Charles découvrit qu'il était mort à la suite d'une gangrène, le pied droit affreusement gonflé et noir. Tous les faits concordaient. Une vieille mémoire semblait inscrite dans cette jambe, il fallait abolument l'effacer pour toujours.

Néanmoins, dans chacune de ses vies, y compris dans celle-ci, Charles n'avait jamais pu exprimer ses ressentiments. Je m'attardai sur ce point en lui expliquant que la dette émotionnelle et l'accumulation de vieux sentiments non résolus provoquent une distorsion de la vie du présent. Les sentiments non résolus, les ressentiments non exprimés provoquent tout un comportement psychologique. « Vous avez été en dette émotionnelle, lui dis-je, et vous avez consommé une énergie énorme en essayant de concilier des sentiments anciens avec les sentiments actuels. Les premières sources de dettes émotionnelles sont les restrictions émotionnelles que vous vous imposez vous-même. »

90

Cette séance, assez longue, s'est déroulée en deux étapes, l'une concernant le travail sur le présent l'autre sur la compréhension et sur l'acceptation des schémas karmiques du passé. Je le ramenai ensuite au présent et lui demandai de prendre une respiration profonde. Je réalisai que le travail n'était peut-être pas fini et qu'il fallait aller plus loin. Certes, il n'y a pas de clé exacte à donner à quelqu'un qui traverse des conditions aussi difficiles. Le fait de revivre la scène de l'amputation de la jambe ne me satisfaisait pas, il était par conséquent nécessaire, pour favoriser la guérison de l'esprit et à l'acceptation de soi, d'utiliser l'énergie de l'amour inconditionnel.

Charles avait toujours les yeux fermés. Je commençai à lui parler. Maintenant, dis-je, je voudrais que vous vous acceptiez tel que vous êtes ; je voudrais que votre être entier vibre à cette affirmation. Vous allez mentalement vous dire : « Je te remercie, je t'aime et je t'accepte comme tu es. » Vous allez parler à votre corps et imaginer que votre corps vous répond : je suis toujours avec toi et je suis heureux d'être ce corps. Je voudrais que votre être tout entier vibre avec ces affirmations, avec cet amour et avec la manière dont vous continuez à communiquer avec votre corps et dont votre corps communique avec vous. Je vais rester silencieux quelques instants de manière à ce que vous puissiez sentir, expérimenter et vivre la guérison de vos peurs, de votre colère.

« Maintenant, poursuivis-je, vous allez apprendre à vous ouvrir, à aimer même ceux qui semblent vous avoir fait du mal. Je voudrais que vous pensiez à vos parents. Vous pourriez imaginer les regarder dans les yeux et leur envoyer de l'amour, leur exprimer la joie de les avoir. Ils ne pouvaient rien faire pour vous au moment de l'accident, pardonnez-leur, aimez-les et tout ira bien. Je voudrais que derrière vos yeux clos, votre être tout entier vibre à l'éclat d'une magnifique lumière verte qui maintenant vous enveloppe. Cette énergie de guérison envahit entièrement votre corps, physiquement, mentalement, spirituellement et émotionnellement, et vous réalisez maintenant que cette énergie de guérison est avec vous pour toujours.

Rendez-vous également compte que vous êtes un lien vital dans une chaîne merveilleuse qui lie tous les êtres humains les uns aux autres. Il n'y a encore pas longtemps vous étiez emprisonné, maintenant vous êtes libre. Vous avez demandé de l'aide, vous allez à votre tour pouvoir aider les autres. Ce qui fut mort une fois, à présent est en vie à nouveau. Ce qui était de la haine, est maintenant de la joie. Ce qui était de la colère, maintenant est de la paix. Permettez à cette paix, à cette joie et à cette vie de baigner chaque muscle, chaque cellule, chaque atome qui composent votre corps, de manière à ce que vous puissiez vous construire et reconstruire.

A présent, vous êtes entré dans une nouvelle phase de votre évolution. Vous avez quitté le cercle vicieux de la haine, de la colère et du refus, pour entrer dans un nouveau cycle appelé l'auto-acceptation et l'amour de soi et des autres. Maintenant, très lentement, je vais compter de un à cinq, vous allez revenir à la conscience ordinaire et ramener avec vous toute la compréhension la joie et la paix que vous avez ressenties durant cette séance. »

Dès que Charles ouvrit les yeux, la première chose qu'il me dit fut : « Je n'avais jamais réalisé à quel point j'étais en colère, je n'avais pas réalisé que je rejetais autant les autres, que je les enviais d'être entier, alors que moi j'étais en morceaux, me dit-il en riant. J'avais complètement bloqué mes émotions pour ne laisser apparaître que des critiques, je cachais mes envies. J'ai toujours eu beaucoup de mal à exprimer mes sentiments. J'étais tellement en colère contre moi-même et contre les autres que je voulais disparaître. Je suppose que j'ai associé la colère dans le fait de vouloir mourir. »

Charles me confia par la suite, que vers l'âge de vingt ans, il refusait tellement la perte de sa jambe, qu'il s'arrangeait pour être rejeté. Il ne se permettait pas d'être dépendant d'autrui pour avoir de la joie. « Maintenant, me dit-il, je sais que je peux accepter mon état, peut-être même pourrais-je aider les autres personnes handicapées, ce qui m'aiderait dans ma propre guérison. »

Je prodiguai à Charles de nouveaux conseils, l'incitant à goûter chaque moment de sa vie. « Si vous n'êtes pas présent à l'instant qui passe, vous n'êtes pas complètement vivant, lui dis-je. Rappelez-vous que la persistance de vieilles colères et de vieilles mémoires enlève au présent son innocence et son charme. »

Le cas de Charles est loin d'être isolé. De nombreuses personnes étouffées par des émotions qui ne s'expriment pas, frappées par des événement qu'elles n'arrivent pas à surmonter, vivent parallèlement au monde. J'en expliquai le mécanisme à Charles : « Vous avez grandi dans la nostalgie, et le présent vous a simplement servi à vous rappeler qu'une fois dans votre vie vous aviez deux jambes. Vous vous êtes rappelé vos défaites et vous avez oublié vos victoires. La tristesse et le chagrin auraient pu vous vieillir prématurément. Comme vous étiez resté dans cette dette émotionnelle vous étiez pessimiste, sur vous, sur le monde, sur votre futur et vous étiez même devenu pessimiste sur vos années d'adolescence, ne vous rappelant que vos mauvais moments. Mais votre vraie place est dans ce moment-ci. Le présent est pour l'action, pour faire, pour devenir, pour grandir et évoluer. Le passé est seulement là en tant qu'expérience révolue. Ce qui vous est arrivé, aussi douloureux que cela puisse être, est seulement une mémoire. Ceci est vrai pour les personnes qui perdent un enfant, un conjoint, pour les couples qui se séparent et qui divorcent, pour les personnes victimes d'accidents graves. La peine peut avoir été très intense mais il faut l'évacuer. Dans ce sens, le futur est déjà là car il est dépendant de la manière dont on interprète son passé. En vivant pleinement le présent, on se prépare un futur libre. Car c'est uniquement sur le présent que l'on a la possibilité d'agir. On ne peut pas modifier le passé, on ne peut pas appréhender le futur, mais on peut agir sur l'éternel présent en vivant chaque instant de notre existence comme si c'était le dernier. »

Je revis Charles bien des mois plus tard et il avait changé. « Je réalise, me dit-il, que je gardais en moi toute mes émotions. Je m'étais enfermé dans une sorte de cage ou de prison, je ne savais plus quoi et comment faire. Mais depuis plusieurs mois, je ressens un profond sentiment d'amour et comme un espace de chaleur qui est au fond de moi et qui me guide. Vous m'aviez parlé un jour de subconscient et de la conscience supérieure, ajouta-t-il, et j'ai l'impression qu'il y a un canal subtil entre cette conscience supérieure et moi. Ce n'est pas une chose que je ressens physiquement mais je la reconnais comme une sorte de vibration qui parfois descend et me dit : je remercie et j'envoie des remerciements à toute les personnes que je croise et qui n'ont peut-être pas eu la chance d'exprimer ce que j'ai pu exprimer. »

DES PEURS VERS L'HARMONIE ET LA LIBÉRATION

Dans les voyages temporels beaucoup de personnes viennent chercher la possibilité de s'affranchir du temps terrestre et de jouir de la liberté totale offerte par l'accession à un autre niveau de conscience. La plupart des êtres humains ont des peurs enfouies plus ou moins profondément en eux. Ceci n'est pas en soi spécialement négatif. Car, si nous pouvons admettre nos peurs et en trouver les causes, nous sommes alors plus rassurés, plus confortables et plus forts que celui qui veut nier sa peur et se faire passer pour brave et courageux. La peur est comme une antenne, si nous sommes ouverts, nous pouvons sentir instinctivement le danger avant même de pouvoir le discerner avec notre esprit. Il ne s'agit pas là d'une perception extra-sensorielle mais plutôt de la faculté des sens à réagir au niveau très bas des stimuli des réponses émotionnelles.

J'ai fait travailler un certain nombre de personnes sur le silence, en séminaire ou individuellement. L'idée d'utiliser cette méthode m'a été inspirée par Elodie, une jeune femme, qui revécut lors d'une séance une vie en Grèce, dans un temple d'Asclépios où se pratiquaient des cures de silence. Elodie avait participé deux ou trois fois à des séminaires *Vipassana*, plus communément appelé le yoga du silence, et elle voulait travailler sur certains aspects d'elle-même, pour mieux se connaître, me dit-elle, être mieux dans sa vie, mieux servir les autres. J'entamais donc un travail avec elle.

La technique maintes et maintes fois répétée se mit en place. Élodie était allongée sur mon divan, le casque sur les oreilles, une musique en arrière-plan. Ma voix lui demanda de se décontracter, de se laisser aller et, graduellement, je l'emmenai au-delà des rivières du temps.

Après quelques hésitations, où les pensées du quotidien se heurtaient et où les images évoquées étaient floues, la jeune femme commença à s'exprimer.

– Je suis un jeune homme, âgé d'une vingtaine d'années, dit-elle. Je suis habillé avec un vêtement de lin assez court, à mi-cuisse, sans manches, une ceinture à la taille.

Je suis assis par terre, dans la pénombre. C'est un endroit obscur mais pas totalement noir. Je sais que je viens souvent ici pour méditer. Je suis en train de méditer.

– Entrez dans la méditation, lui dis-je. A quoi pensez-vous, qu'est-ce que vous faites ?

– Rien, je suis dans le silence.

– Pouvez -vous m'expliquer comment vous êtes dans le silence ?

– Le silence, poursuivit le jeune homme grec, est utilisé pour explorer les richesses du monde lunaire, du monde interne. Lorsque nous entrons dans le silence, les idées, les problèmes, les soucis, sont bannis et il se crée un environnement extrêmement nourrissant, source importante d'inspiration. Ceci permet également au potentiel de guérison de soi de descendre à travers le corps.

– Pratiquez-vous souvent ce silence ?

– Oui, au moins une fois par jour.

Cette révélation m'étonnait, me fascinait. J'ai moi-même parfois du mal à faire le silence dans mon esprit. Chacun de nous a pu constater qu'il n'est pas évident d'arrêter le cours de nos activités mentales. Un flot continuel de pensées envahit notre cerveau. Nous pouvons essayer de l'abolir, mais en général jamais pour longtemps, il réapparaît en quelques secondes à peine. Ce n'est pas simple de domestiquer et de dominer ses pensées ; il n'est pas rare que les gens à qui l'on est en train de parler aient leur attention dirigée ailleurs, c'est dire combien il est délicat d'entrer à la demande dans des états de méditation ou d'expansion de conscience.

Pourtant le jeune homme qui pratiquait cette technique dans un temple grec semblait heureux et détendu. A travers Elodie, il expliqua : « Je me sens apaisé, je suis dans un état de totale sérénité, j'évolue dans un univers lumineux. Ce ne sont pas exactement des pensées qui me viennent à l'esprit, mais plutôt l'essence de pensées. Comment dire autrement, je ne sais pas précisément exprimer cela... Mais la méditation m'aide à accéder à des vérités que je ne connaissais pas auparavant. Le silence me permet d'entrer dans des niveaux de conscience différents. »

– Pouvons-nous arriver à la fin de cette séance de méditation, de silence ? lui demandai-je.

– Oui, mais auparavant, me répondit le jeune homme décidément en verve, je veux dire que le silence émane aussi du centre de moi, il monte de mon être profond. Lorsque je sors de ce silence, je me sens bien, il a une valeur thérapeutique. Dans ce temple, nous enseignons le silence, nous proposons des cures, des séances, où les personnes malades physiquement ou moralement apprennent à cultiver le silence comme principe thérapeutique. Ainsi tous les conflits subjectifs s'en vont, se dissolvent, et nous partons de l'éclatement pour aller vers l'unité. (Nous revenons toujours vers le même concept d'union.) Toutes les personnes qui viennent nous voir, continua Elodie – le jeune homme –, retrouvent une nouvelle énergie et se sentent guéries et purifiées. Le silence donne à notre organisme une chance de se réharmoniser lui-même spontanément, sans l'influence gênante et interférante de l'esprit et de ses turbulences. L'esprit est parfois bruyant et hyperstimulant. Par contre, entrer dans le silence est une source de joie et d'harmonie.

LE TEMPLE DU SILENCE

A la suite de ces explications et descriptions, j'ai donc imaginé de faire travailler des personnes sur le temple du silence. Il y a plusieurs années déjà, j'ai enregistré une cassette qui reprend le principe du temple du silence.

Voici, sommairement, la manière dont se déroulent ces séances. Comme dans l'ensemble des méthodes que je préconise, j'utilise comme principe de base la suggestion et l'incitation de l'esprit.

Aux personnes désirant accéder à la méditation et au silence, je conseille, au préalable, de choisir un cadre et une ambiance où rien de perturbant ne peut venir troubler la méditation. S'installer dans un endroit confortable, se détendre, s'allonger sur un lit. Si vous habitez dans un endroit bruyant, mettez-vous une musique douce avec un casque sur les oreilles, si vous résidez à la campagne ou dans un endroit calme, vous pouvez utilement bénéficier des bruits naturels, tels le chant des oiseaux ou le gazouillis des rivières. Ces sons doivent être néanmoins mis en sourdine, de façon à peine audible, de manière à ce qu'ils soient réellement en arrière-plan. On peut aussi enregistrer ces sons sur cassette et les réécouter.

Une fois entré dans la phase de relaxation rapide (cela prend environ une minute), je vous suggère d'imaginer une campagne par un matin de printemps. L'air est doux, vous pensez à l'herbe, aux fleurs sauvages. Devant vous, il y a un sentier qui conduit au temple du silence, bâti sur un promontoire. Vous pouvez donner à l'édifice la forme de votre conscience supérieure, noble, radieuse, harmonieuse, et vous pouvez choisir le style d'architecture que vous préférez : un temple grec, une pyramide, une petite chapelle. C'est un matin ensoleillé et tiède, vous pourriez être vêtu d'habits clairs et légers, une chemise ou une robe blanche. Vous êtes conscient de toute la beauté autour de vous, vous pouvez vous attacher aux couleurs – le vert pâle des feuilles, le blanc lumineux des pâquerettes –, aux sensations du vent, aux odeurs, celle du lilas, de l'aubépine ou de la violette. Vous vous imprégnez de toute la beauté et de la richesse de la nature au fur et à mesure que vous avancez sur le sentier, en direction du temple.

Vous vous approchez de l'entrée et vous arrivez maintenant dans la sphère du silence. Aucun mot n'a jamais été prononcé ici. Vous êtes tout près de l'entrée. Vous apposez maintenant vos mains sur les pierres du temple. Gardez un moment le contact avec la matière pour bien vous imprégner de ce que vous allez faire, pour commencer à vous préparer au silence.

A l'intérieur du temple, vous ressentez l'atmosphère de plénitude et de paix qui plane tout autour de vous. Maintenant vous marchez littéralement dans le silence. Vous vous regardez avancer. Dans la pénombre du lieu perce un rayon de soleil en provenance d'une mince ouverture dans le toit. Le rayon dessine au sol un petit cercle lumineux. Vous allez vous asseoir au centre de ce cercle. Le rayon vous éclaire, la lumière vous englobe, vous enveloppe complètement. Vous êtes dans le silence lumineux et vous laissez peu à peu les particules de lumière vous envahir. Vous les sentez traverser vos veines et atteindre chaque cellule, chaque atome de votre corps. Le monde environnant a maintenant disparu.

Vous êtes entré en méditation et vous « écoutez » le silence qui est une qualité vivante et pas seulement l'absence de sons. Vous restez ainsi pendant quelque temps, puis vous quittez lentement le cercle de lumière, vous retournez vers la sortie du temple. Au-dehors, la vie vous absorbe à nouveau. Écoutez le chant des oiseaux, ouvrez-vous aux parfums subtils des plantes et des fleurs, observez les formes, les couleurs, communiez avec la nature, avec la terre.

Bienvenue dans ce monde et bonjour à la vie !

En chaque être humain se trouve une zone d'ombre, la partie de nous-mêmes que nous ne voulons pas toujours voir. Notre ego est lié à l'ombre, dans le sens jungien du terme, comme la lumière est liée à l'obscurité. Mais c'est cette qualité qui nous rend humain car, bien que nous refusons de le reconnaître, nous sommes imparfaits. Cette partie de nous-mêmes que nous n'acceptons pas, nos hontes, nos peurs, nos chagrins, nos culpabilités, nous la couvrons soigneusement d'un voile pour mieux la dissimuler, aussi bien à nos propres yeux qu'au regard des autres. Cette zone cachée possède bien des noms familiers, le « moi inférieur », « le jumeau sombre », le « double », le « moi réprimé », « l'alter ego », etc. Lorsque nous nous retrouvons face à face avec cette partie sombre de nous-mêmes, nous usons de métaphores pour décrire cette confrontation peu agréable : la rencontre avec le démon, se battre avec le diable, descendre vers le monde souterrain, la nuit sombre de l'âme, la crise, le démon de la quarantaine, et ainsi de suite. Nous possédons tous une ombre ou peut-être est-ce notre ombre qui nous possède ?

Pour alléger le poids de l'ombre dans notre vie quotidienne, il faut dans un premier temps admettre qu'elle existe puis accepter le face à face. Pour nous libérer de nos impulsions, nous avons besoin de comprendre le phénomène. Dans la tradition gnostique, il est dit que nous n'inventons pas les choses, *nous nous en rappelons*. Dans la tradition mystique, on parle aussi de la rencontre avec le « Gardien du seuil ». Les conflits, les peurs, les craintes, qu'ils soient du présent ou même du passé antérieur, sont capables de resurgir soudainement et de nous assaillir. La zone d'ombre est semblable à un sac où des éléments divers ont été accumulés pêle-mêle et qu'il faut vider pour endiguer le désordre, pour aller d'un état d'emprisonnement vers un état de liberté totale.

Regardons, par exemple, comment se fait ou se construit cette personnalité cachée. Lorsque nous étions enfant, le monde nous semblait beau et pur. Un enfant qui court est une boule vibrante d'énergie. Mais, peu à peu, à travers la censure des structures sociales : « Tiens-toi tranquille, tais-toi, fais ce qu'on te dit, ne m'interromps pas », cette boule d'énergie radieuse devient moins lumineuse et le côté « ombre » de la personnalité commence à se construire. L'ombre peut aussi surgir du passé. Contrairement à certaines idées reçues, nous ne naissons pas vierges et neufs, nous apportons avec nous tout un acquis antérieur, caché et mémorisé. Les événements du présent – que nous attirons d'une certaine manière – vont se greffer sur ce contenu mémoriel, et, renforcer éventuellement des mémoires du passé.

Cet acte s'appelle le karma. Karma va essayer de nous faire rencontrer ce que nous n'avons pas compris et, par effet de synchronicité, nous allons nous trouver en présence de choses et d'événements qui ont des résonances dans le passé antérieur. Dans les techniques d'expansion temporelle de la conscience, il est bien sûr possible de faire travailler les personnes sur leur présent, comme dans le cas de Charles, que nous avons évoqué plus haut, mais on va toujours essayer de trouver le lien avec le passé antérieur. En nous cohabitent parfois l'ange et le démon, le bourreau et la victime.

J'ai rencontré Richard il y a deux ans. Il me dit qu'il était parfois submergé par un sentiment de violence incontrôlable. Il lui arrivait, sans raisons particulières, d'avoir envie de tuer quelqu'un, rien qu'en le regardant. Pendant un séminaire, il revécut une vie du XVIIᵉ siècle où, durant la guerre de Trente Ans en Lorraine, il était chargé des exécutions. C'est lui qui pendait les « insurgés ». Je me rappelai alors ces gravures sur cuivre réalisées par Jacques Callot, exposées au Musée Lorrain à Nancy, qui montraient des arbres dont les branches ployaient sous le poids des suppliciés pendus en masse. Richard était de ceux qui exécutaient. Il vivait à cette époque dans un environnement de

101

haine, et sa haine était encore amplifiée par le fait qu'il l'engendrait lui-même. Il s'était fabriqué une partie sombre de lui-même très forte. Quand il est mort, pendu à son tour, cette ombre a survécu, il l'a emmenée avec lui.

Dans ce présent, il avait encore cette haine qui resurgissait à certains moments. Lui faire revivre sa vie de bourreau n'avait pas une valeur « spirituelle » en soi mais je lui ai fait ressentir et vivre les raisons pour lesquelles il avait ces pulsions meurtrières. Parallèlement, je lui ai demandé d'aller vers la vie, la plus belle qu'il ait jamais eue. C'est là que nous avons trouvé une valeur thérapeutique et spirituelle. Au siècle dernier, il s'occupait d'enfants dans un orphelinat. L'homme était austère et sévère, mais il aimait sincèrement les enfants et ceux-ci le lui rendaient. Le fait de se voir en train de s'occuper d'enfants l'a profondément touché et d'une certaine façon cela l'a rassuré. Richard a pu mieux se comprendre et évoluer. De la peur et de l'emprisonnement, il est passé à la libération, à la liberté.

CHAPITRE 4

MÉMOIRES D'UN VOYAGEUR DU TEMPS

LES DIEUX DE LA LUNE

En novembre 1993, une soixantaine de personnes participaient à un séminaire de formation d'une semaine sur le thème de l'exploration des différentes voies, techniques et méthodes aptes à favoriser l'éclosion de la conscience. Un soir, je décidai de me prêter moi-même à une expérience afin de montrer la manière dont on peut fonctionner simultanément sur deux ou trois plans temporels. C'est-à-dire se trouver dans le passé, éventuellement dans deux époques différentes et, en même temps, avoir parfaitement conscience du présent.

Si ce n'est avec des amis, il m'arrive très rarement de mener un travail d'expansion de la conscience devant un groupe, car il s'agit là d'états intimes. Je n'avais aucune idée de ce qui pouvait surgir durant cette séance, mais je décidai quand même de sauter le pas. C'est le témoignage et l'analyse de cette expérience particulière et personnelle que j'ai décidé de rapporter ici.

Pour me guider dans ma démarche je demandai à une de mes amies de m'assister. Joëlle Rechmat est l'épouse d'un médecin de l'est de la France qui, depuis 1985, collabore épisodiquement avec moi sur certains axes de recherches.

Avant de commencer, j'expliquai combien il est important de se rendre compte des mécanismes qui nous régissent.

– Beaucoup de gens sont le jouet de leurs peurs, de leurs angoisses, de leurs refus. Ils sont tributaires des événements et subissent leur vie au lieu de la maîtriser. Leur existence est semblable à une barque sans rames, au milieu d'un fleuve. Il leur est impossible de prendre une orientation et ils dérivent au gré des flots et des courants.

Comment inverser le cours des choses ?

– Il existe, dis-je, une manière de travailler et d'être : avoir conscience de plusieurs choses en même temps et découvrir les mécanismes discrets qui les lient. La vie est un jeu parfois compliqué, mais il devient beaucoup plus simple lorsqu'on réalise que tout ce qui nous arrive, de positif ou de négatif, est un rouage qui nous aide à avancer dans la compréhension du mécanisme complexe régissant l'existence de chaque être humain.

De fait, en un autre état de conscience, tout ceci ressemble à un jeu de construction, à un puzzle. Dans les Védas, les écritures sacrées de l'Inde, il est dit que le jeu auquel se livre Dieu s'appelle « Lila », le jeu divin.

Bien que les préparatifs préliminaires n'eussent aucun secret pour moi, je laissai Joëlle accomplir tout le cheminement, pour le profit des personnes présentes. Je m'étais allongé et commençai à me relaxer selon la méthode standard. Joëlle me fit ensuite respirer et utilisa la boule de lumière bleue, l'appel des guides spirituels. Elle effectua un décompte de un à vingt et en arriva à la technique, maintes fois répétée, du tunnel. A la sortie du tunnel, je me sentis vaguement flotter, puis je commençai à parler.

– Je vois une épée suspendue dans l'air, au-dessus d'un mausolée caché dans une forêt. Je ne suis pas dans un monde physique, car il ne vibre pas de la manière que je connais, c'est un monde vibratoire. Le mausolée semble être à l'abandon, ses pierres sont recouvertes de mousse, des lianes et du lierre grimpent le long des murs. Oui, c'est un bâtiment à l'abandon qui me fait penser à un monument oriental, peut-être grec. Je ne sais comment exprimer cela, le sommet est légèrement arrondi, il y a des inscriptions à l'intérieur. En fait, il s'agit d'un signe gravé. C'est une paire d'ailes ! Je n'ai pas de corps constitué dans cet espace, c'est une vision qui s'impose. Je n'ai pas d'émotion pour l'instant. J'ignore en quel pays se trouve le mausolée et l'époque de sa construction. Je crois qu'il a une origine très ancienne, très difficile à dater. La vision que j'ai maintenant est celle d'un lieu druidique, un lieu dolménique. Curieusement, mon corps physique me démange, il semble être pris dans des strates vibratoires, car j'éprouve des picotements et un léger mal de tête.

Joëlle, à ce moment-là, intervint pour me demander d'aller vers un événement important de cette séquence sortant des tréfonds de ma mémoire. Je poursuivis :

– Il y a là un vieil homme. Il est assis sur un banc de pierre près du mausolée. Je me suis déplacé dans le temps. Très peu en vérité, peut-être d'une journée ou deux. Ce vieil homme, maigre et voûté me fait songer au gardien d'un culte oublié. Il est habillé d'un vêtement brunâtre fait de peaux sommairement tannées, il porte une ceinture de cuir et des savates de peaux cousues avec des lanières. Ses cheveux gris en broussaille tombent en mèches hirsutes sur ses épaules, son visage ridé et émacié est à demi caché par une épaisse barbe poivre et sel. Près de lui, sur le banc, il a posé sa besace. Dans sa main droite, noueuse et décharnée, il tient un bâton d'étoile, un long bâton de bois lisse avec, en haut, une étoile.

– Que fait-il maintenant ? demanda Joëlle.

– Quelque chose que je distingue mal. Je me sens soudainement emporté, je ne vois plus le vieil homme, j'ai basculé en lui. Je ressens une sensation d'étouffement, je vois le vieil homme de l'intérieur. Il y a une énergie qui entre en lui, je me sens éclaté.

Joëlle essaie de me faire aller plus loin.

– J'ai l'impression d'être en plusieurs endroits en même temps, d'évoluer sur plusieurs plans. J'ai conscience d'être Patrick Drouot dans un présent illusoire, je me sens esprit en train de contempler quelque chose qui monte et une autre partie de moi se trouve dans ce vieil homme. Mon corps physique éprouve une sensation de douleur au ventre. Le vieil homme la ressent également. J'ai à présent la certitude qu'il est bien le gardien d'un culte oublié. Il est l'héritier d'une longue chaîne d'enseignants qui remonte en des temps très lointains. Il est là pour transmettre une connaissance perdue qui se perpétuera après sa mort.

Toujours à l'intérieur de lui, je me fondis encore plus étroitement dans son personnage et commençai à parler à sa place :

– Je suis en train d'accomplir un rite, il y a sept pierres (j'avais déjà rencontré ce rite des sept pierres à travers la vie de Govenka), je les dispose selon une configuration spéciale, trois à la base, trois sur le côté et une au centre.

Cet assemblage, je le connaissais. Une sorte de construction se mettait en place. Une nouvelle compréhension se faisait jour. Le mausolée apparaissait comme une machine, une structure, permettant de se reconnecter à des canaux temporels toujours en activité, ouvrant des portes menant vers un ailleurs et par où pouvaient s'engouffrer des êtres étrangers à notre monde.

Que c'est étrange ! J'étais entré par l'une de ces portes alors qu'une autre possédait des grilles. On eut dit une vision simultanée du passé et du futur. Je revis la paire d'ailes gravée dans la pierre du mausolée et j'éprouvai soudain la certitude que Rhwall, le Roi Ailé, était enterré en ce lieu ou alors était-ce sa vibration qui se manifestait dans ce monument.

Je ne comprenais toujours pas vers quoi j'allais. Mon esprit semblait errer dans tous les sens. Je ressentis une tristesse profonde, provoquée par un manque, une sensation d'oubli.

Je basculai dans une séquence que je connaissais déjà et que j'avais vécue environ un an auparavant durant l'automne 1992. A cette époque, j'avais eu une autre expérience pilotée par une amie brestoise, Marie. J'avais alors exhumé un monde non physique, avec une colonne de lumière, des arbres, des cyprès, un temple de style grec bâti au bord de la mer. C'était une nuit de pleine lune. Dans ce temple grec, certains êtres venaient rechercher à des moments particuliers de leur histoire une sorte de connaissance perdue, un enseignement secret venu du fond des âges.

Pourquoi cette scène me revenait-elle en mémoire ? Je compris brutalement : la colonne de lumière, le temple grec vibratoire, les cyprès, la mer, il y avait une longue chaîne ininterrompue d'enseignements et de connaissances transmis de générations en générations, un secret caché du temps, d'une origine très ancienne remontant à l'époque du cheval, du Roi Ailé et peut-être au-delà. C'était trop loin pour moi ! Vibratoirement je me sentais trop bas, j'avais besoin de monter en fréquence. Mais mon corps physique, qui possédait une force de rappel, me ramenait sans cesse vers lui :

– J'ai mal, j'ai trop mal, dis-je, ce corps est lourd, il me fait mal.

Joëlle à ce moment intervint :

– Projetez votre conscience plus haut, montez, montez.

Ceci est fait dans le but d'élever la fréquence vibratoire de quelqu'un. Mais je résistai :

– Non, dis-je, j'ai besoin d'embrasser une vaste période, d'assembler les morceaux. Il y a un puzzle cosmique qui est en train de se mettre en place et je n'en comprends pas les tenants et les aboutissants. Il y a le chasseur de l'âge de pierre, il y a Rhwall, le Roi Ailé, le mausolée, Govenka, le vieil homme et d'autres personnages encore : un prêtre en Egypte, une vie en Gaule, une au VIIIᵉ siècle du temps de Charlemagne, chez les Saxons. La transmission s'étale sur tellement de temps, je ne comprends pas...

Quelque chose de diffus me vint, l'époque templière. Je basculai à ce moment-là dans des substrats mythologiques de ma psyché. La période du cheval ailé, c'est Pégase, qui a permis la montée vers le soleil. Je réalisai que Rhwall était venu de nulle part. Il avait apporté les sept pierres, avait livré son enseignement, puis était reparti chez lui, un chez-lui lunaire au-delà des étoiles. Tout ce qui restait c'était un endroit, un lieu sacré où, de temps en temps venaient se recueillir quelques personnes. Il restait également ment une paire d'ailes et la légende disait qu'il était reparti vers le monde des Ailés.

Govenka, c'était une autre vie, des millénaires plus tard. Ma vision devint de plus en plus gigantesque. Il y avait des villes et des villages partout et toujours cette même chaîne d'hommes et de femmes, se transmettant le secret. Curieusement, je sentais encore mon corps me démanger. Que c'est bizarre, un corps physique qui gratte alors que j'étais si loin dans le temps et dans l'espace ! Mais mon corps physique continuait de me retenir, je le sentais lourd. Je ressentais des sortes de crampes dans les bras et dans les jambes. Joëlle m'incita à poursuivre.

Je commençais maintenant à comprendre quelque chose d'infiniment puissant. L'Ailé, Rhwall, venait de la lune et il y a longtemps j'avais été un adorateur de la lune. L'être humain est marqué par la lune. Chaque mois nous la voyons passer à travers ses processus de transformation sans fin. Elle sort de l'obscurité telle une lumière fragile et grandit imperceptiblement jusqu'à atteindre la gloire de sa maturité, puis, lentement mais inévitablement, elle décline pour s'évanouir dans la nuit. Je sais depuis toujours que les rythmes lunaires sont connectés avec les plus profonds, les plus cachés et les plus énigmatiques de nos mystères, ceux de la fécondité, de la création et de la vie elle-même.

Il existe une croyance très ancienne prétendant que la lune est la maison des morts, ou le lieu du repos final. Il y a sur la lune, un cycle de vie et de mort perpétuel. Les *Upanishads*, les textes sacrés de l'Inde, révèlent que la lune est un endroit de repos temporaire avant la renaissance. Les esprits retournent vers la terre à travers la pluie qui tombe et éventuellement à travers la semence de l'homme.

J'entrai lentement dans cette énergie lunaire. Des noms défilèrent dans mon esprit : Isis, Diane, Séléné, Hélène, Hathor, Artémise. Nombre de civilisations ont créé des déesses dont la puissance et l'influence proviennent de la lune. Dans la vision des anciennes traditions, on donna à la lune des noms différents selon ses états et le rôle qu'on lui attribuait. Elle était Hécate avant le premier quartier, Astarté lorsqu'elle était croissant, Diane ou Cinthia quand elle était haut dans le ciel. Phoebé fut considérée comme la sœur de Phoebus le soleil, Séléné la personnifia ainsi que Luna l'amante de Endynion endormi. Il est dit que le Bouddha devint illuminé durant une nuit de pleine lune. En Orient, la pleine lune représente le moment idéal pour la rencontre avec le maître spirituel et chacun de nous sait que l'astre de la nuit lie l'homme à une vérité plus grande, une vérité plus profonde.

Tout le travail que je peux faire, remarqué-je, s'effectue fréquemment durant la nuit et durant la pleine lune. La lune est associée avec mon esprit et ma vie interne. Ceci est une caractéristique commune à tous les humains. Etrangement, je me sentais plus unifié, j'évoluais sur plusieurs plans en même temps. Des flots de connaissances roulaient à travers moi. J'étais en train de considérer de larges périodes de temps, en train d'essayer de percer le mystère de Rhwall le roi ailé. C'était un curieux sentiment que de sentir mon corps physique me démanger alors que des bribes de connaissances lointaines parvenaient à ma conscience !

Je poursuivis ma réflexion. Oui, pensé-je, je n'ai pas seulement été un adorateur de la lune à une époque primitive, j'ai aussi une origine lunaire. Etait-ce ma place entre mes différentes vies ainsi que l'attestent certains êtres ? Les mystiques du Kriya-Yoga, par exemple, affirment que les mémoires et les vies antérieures sont sur la lune.

Je revins à ce que je vivais. Mon corps me faisait mal. J'avais la désagréable impression que par moment, je me perdais dans une nuit hors du temps et de l'espace. Mon dieu, quelle horreur ! me dis-je. J'accédai bientôt à un passé très lointain, et remontai vingt mille ans en arrière, mais, étrangement, cela me semblait très proche. Je compris qu'il y avait deux filiations, une par le sang, et une par la connaissance transmise. Il y a deux lignées, une génétique avec des moments interrompus, la transmission étant parfois impossible. Mais, la lignée de la connaissance, elle, a toujours pu être véhiculée. Il s'agit là de quelque chose que les Templiers ont su.

Cette connaissance spirituelle arrive à ma conscience. C'est comme des chatoiements de lumière, un globe qui se déforme. En fait, il s'agit d'une série d'émanations vibratoires, d'un langage constitué. Mon esprit est trop rudimentaire, je ne peux pas encore me brancher dessus car mon niveau de conscience est trop bas. Je me suis égaré quelque part, sans une réalité que je ne comprends pas, je me sens perdu à travers le temps.

112

Soudainement, la douleur sourde qui étreignait mon corps, s'accentua violemment. J'avais l'impression qu'il répercutait la douleur de ma conscience.

– J'ai trop mal, dis-je, je ne veux pas en savoir davantage, cela me fait trop mal de savoir, je ne veux pas connaître.

Joëlle me guida et je basculai dans un souvenir vécu dans une clairière des Vosges en 1989. C'était au printemps, je me trouvai dans une clairière au milieu de la forêt. Soudain je vis une sorte de lueur vive émerger à environ vingt centimètres au-dessus de l'herbe. Bizarrement, l'apparition de cette brillance pâle, flottant comme un ballon léger, ne me surprit pas, ne m'effraya pas.

– C'est un cœur de lumière, me dis-je.

Je me plaçais dans ce cœur de lumière qui semblait respirer et pulser, animé par une vie autonome.

J'étais totalement en phase avec cette lumière qui continuait à battre. Je compris qu'on me transmettait un message, une série d'informations qui s'imprimèrent dans mon corps astral. A cet instant, et c'est la seule fois que cela m'est arrivé en position debout, ma conscience se projeta hors de mon corps. Je revivais ce souvenir, je me revoyais dans la clairière, debout, immobile, les bras légèrement écartés. Quasi instantanément, je discernai une tête de lumière. Une tête chauve, au visage ovale, aux yeux légèrement bridés, me souriait avec une grande bonté.

– C'est un guide, pensé-je, c'est mon guide, quel amour y a-t-il en lui ?

Mais immédiatement je me ravisai :

– Non, ce n'est pas un guide, c'est moi, c'est ma forme réelle. C'est ce que je suis véritablement au-delà de mon physique, en un temps hors du temps. Je suis une projection incarnée de cet être.

Je réalisai que pour chaque être humain il en était de même. Nous sommes tous des projections incarnées d'une réalité qui vit dans l'un des replis cachés du temps.

Je me sentis redescendre et je « sus » que trente mille ans auparavant cet être de lumière, qui était encore moi et toujours moi, avait déposé un message vibratoire dans la clairière.

Je l'ai souvent dit, j'ai toujours été fasciné par le temps. Et cette nouvelle révélation émanant de la clairière venait épaissir le mystère du temps. Comment un être vibratoire d'un passé simultané vieux de trente mille ans pouvait-il savoir qu'il allait se réincarner sous une forme humaine quelque trente millénaires plus tard, et déposer dans la clairière une série de messages vibratoires qui allaient s'imprégner dans cette forme physique ?

J'eus l'impression d'être un réservoir de choses oubliées qui reviennent d'une manière fugitive. Ces concepts étaient trop difficiles pour ma compréhension incarnée. « Comment ai-je pu émettre un message il y a trente mille ans d'une manière simultanée ? C'est le temps qui détient la clé de l'énigme. Je me sens écartelé par le temps. C'est étrange, je ressens un sentiment d'amour. Je suis l'amour... Laissez- moi le temps de comprendre. Mon aimée, tu es là dans ce voyage qui à certains moments n'en était pas un. »

Joëlle restait silencieuse ainsi que le groupe qui faisait partie de l'une de mes réalités. Parfois, je me disais que l'expérience devenait trop intime, et pourtant je me sentais en confiance avec tous ces êtres qui assistaient à quelque chose qui les dépassait, de même que moi je me sentais dépassé. Mais ils savaient tous que nous sommes constamment en quête de Dieu. L'enfer, c'est l'oubli, la face cachée ; le paradis est l'accès à la connaissance, la faculté de pouvoir se réunifier avec son bien-aimé, sa bien-aimée.

Et je peux être les deux en même temps. Rhwall, l'Ailé, l'avait compris, ce n'était pas réellement un roi, ce sont les autres qui l'avaient appelé ainsi. Govenka elle aussi savait, ainsi que l'être apparu trente mille ans auparavant dans la clairière. Lui, moi et les autres, nous avons tous su.

Il y a quelque chose qui pulse en moi, je me sens juste. Par moment, c'est si dur, que j'ai l'impression de vider l'océan avec une petite cuillère. Je suis dans un état de communion totale, il ne peut pas y avoir de fragmentation car l'union est éternelle, il n'y a pas de début, il n'y a pas de fin.

Joëlle me posa une nouvelle question :

– Y a-t-il quelque chose que vous puissiez transmettre à l'être du présent ?

– C'est quelque chose que je veux garder pour moi, c'est tout l'amour qui est en train de me traverser !

J'éprouvai subitement une sensation d'angoisse et me sentis revenir dans mon corps. Revenir en cet instant me faisait peur. Au moment du retour à la réalité, j'ouvris les yeux, restai silencieux plusieurs minutes, puis je repris la parole.

– Je me sens brisé. Pourquoi est-ce cela qui est sorti vibratoirement ? J'ai mal comme si mon esprit ressentait une sorte de souffrance corporelle.

J'en tirais cependant un enseignement plus général. La vie que nous menons tous n'est qu'un reflet de ce que nous pouvons comprendre. Nous avons la possibilité d'ouvrir notre conscience sur des mécanismes profonds et sur de larges périodes de temps. Il est erroné et dangereux de croire que certains êtres sont investis de dons particuliers. En valeur absolue, chaque humain possède en lui la faculté de voyager à travers le temps. Rappelez-vous que toute vie est une aventure dans laquelle nous nous déplaçons de mystères en mystères, de joies en joies, de révélations en révélations, de découvertes en découvertes.

Je l'ai éprouvé bien des fois au cours de mes expériences et notamment, il y a près d'une dizaine d'années, au cours d'un travail effectué avec mon ami Gregory Paxson. J'avoue avoir hésité avant de livrer cette histoire. Mais la voici telle qu'elle a été vécue.

IL Y A TRENTE MILLE ANS

En 1985, Gregory Paxson me proposa de me faire revivre ma première incarnation terrestre. Il est possible en effet, lors des voyages dans le temps, de revenir à sa première incarnation. Généralement, il s'agit d'une vie d'homme ou de femme préhistorique dans un environnement relativement difficile, une existence brève et une conscience assez primitive. On obtient aussi beaucoup de descriptions de civilisations disparues, telles l'Atlantide et, plus rarement, le mythique continent *Mû*.

Après les préparatifs d'usage, Gregory Paxson me demanda donc de retourner vers ma première réincarnation. Je me retrouvai homme préhistorique, avec un corps trapu, un visage allongé, raviné, des poils sur les joues, des cheveux tombant sur les épaules. Je fus à cet instant stupéfait de sentir les poux courir sur ma poitrine. Dans un premier temps, je décrivis des scènes de cueillette de baies et de racines, évoquant des conditions de vie relativement sommaires, mais pas trop difficiles.

Au bout d'une vingtaine de minutes, Gregory Paxson, qui en avait certainement assez, me demanda de basculer vers une vie ultérieure. Au dernier moment, il se ravisa et annula sa demande, pour me proposer d'aller vers l'événement le plus important de cette vie.

116

Immédiatement, je me retrouvai dans une savane avec de l'herbe haute. A une centaine de mètres de moi, je vis un objet ovoïde, lumineux, flottant à un mètre environ au-dessus de l'herbe. Je tombai à genoux, frappé de stupeur et je mumurai : les dieux sont là, les dieux sont revenus ! Quelle aberration, une soucoupe volante en pleine préhistoire !

J'avais encore partiellement conscience du présent et je me rappelle que mon corps physique était extrêmement lourd à cet instant. Je sentais mes bras devenir comme des pierres.

Gregory Paxson était à l'époque un fumeur invétéré. Il s'interdisait la cigarette durant les séances, mais quand l'envie était trop forte, il suçait des bonbons. Je me rappelle parfaitement qu'à cet instant il ouvrit un bonbon. J'entendis le froissement du papier puis le bruit du bonbon qui cognait contre ses dents. Quelle étrange chose que l'être humain ! Se trouver face à une soucoupe volante dans la savane préhistorique et être surpris par le claquement d'un bonbon contre les dents !

— Que faites-vous maintenant ? demanda Gregory.

— Je me relève et je commence à marcher d'un pas hésitant, attiré, fasciné par cette chose que je n'ai jamais vue auparavant.

La centaine de mètres fut rapidement parcourue et je commençai à escalader trois marches de lumière, une lumière un peu molle mais solide sur laquelle je pouvais m'appuyer.

— Et maintenant que faites-vous ? poursuivit Gregory.

Je répondis :

— Rien, je reste là.

— Je vais compter jusqu'à trois, fit-il, ensuite vous allez entrer dans cette structure lumineuse.

Avant qu'il ne parvienne à trois, je ressentis un violent mal de tête :

117

– J'ai mal à la tête, j'ai mal à la tête, arrêtez.
(Headache, headache. Stop it !)

Mais la tentation était trop forte et Gregory insista me disant une deuxième fois :

– Je vais compter jusqu'à trois et vous allez rentrer dans cette structure.

La douleur s'intensifia brutalement. La pression dans ma tête était inimaginable, je pouvais à peine parler :

– Arrêtez, arrêtez tout ! criai-je.

Gregory Paxson réalisa alors que quelque chose n'allait pas. Il me ramena graduellement au présent. Je restai allongé le temps que le mal de tête s'atténue, ce qui se produisit au bout d'une demi-heure.

Je venais de découvrir le concept de verrous temporels.

Il semble en effet que des résistances invincibles se manifestent lorsque certaines personnes tombent sur des secrets cachés du temps qui ne doivent pas être dévoilés, soit à elles-mêmes soit à l'opérateur, soit à cet instant de leur vie.

C'est ce qui m'était arrivé. Gregory Paxson, ne l'ayant pas compris, ou ne le sachant pas, a insisté pour savoir ce qu'il y avait à l'intérieur de la structure. Mais c'était impossible.

Je laissai cet épisode en sommeil pendant un long moment. Cinq années s'étaient écoulées. Un soir, à Paris, je travaillais avec une dizaine d'amis sur l'exploration systémique des niveaux de conscience différents, sujet sur lequel nous menions une étude. Soudain, la scène revint à mon esprit. Tiens, me dis-je, le préhistorique revient. Les images étaient claires, nettes. Je m'observais, marchant d'un pas hésitant, franchissant la centaine de mètres qui me séparait de cette étrange structure, puis je gravis les trois marches et cette fois, je parvins sans difficulté à traverser le mur de lumière. Là, se tenaient trois êtres diaphanes.

Curieusement, la structure me sembla plus grande à l'intérieur qu'elle ne l'était à l'extérieur. Je fis également l'expérience de la lumière qui était non spatio-temporelle. Ma conscience était localisée dans l'expérience. J'étais la conscience, l'expérience en elle-même était la conscience.

Je m'intégrais dans le mouvement énergétique de l'univers, et je pris soudainement conscience de l'intemporalité et de la non-spatialité des choses. Ce sont les seuls termes qui me restent. J'avais le sentiment d'être entré dans la sagesse universelle, je pouvais savoir, connaître, déchiffrer le sens caché des choses.

Il se produisit dans ma tête une sorte une déchirure, semblable à un bruit d'étoffe et je reçus les clés pour comprendre l'origine de l'humanité, la raison d'être de chaque humain de la terre, et tout ce qui se trouvait au-delà du temps.

Une bouffée de folie monta à ma conscience et, d'une manière holographique, je m'entendis supplier ces êtres diaphanes :

– Ne me laissez pas comme ça, ne me laissez pas comme ça ! Fermez-moi la conscience, je ne pourrais pas le supporter, je ne pourrais pas tenir...

L'un d'entre eux fit un mouvement de la main et tout se brouilla, ma mémoire s'effaça, j'oubliais aussitôt.

Lorsque je raconte cette expérience à des amis, je les entends souvent m'interroger :

- Qu'as-tu appris, qu'est-ce que tu as su ?

Je réponds alors :

– J'ai su à un moment donné ce qui est caché derrière cette danse infinie, mais je l'ai oublié et c'est peut-être mieux ainsi.

En revivant d'une manière séquentielle l'expérience du chasseur de l'âge de pierre, la vie de Rhwall, de Govenka et d'autres personnages, je crois qu'eux aussi ont partiellement su ce que j'ai découvert durant une fraction d'instant.

La terre a-t-elle été visitée à certains moments de son histoire et est-elle encore visitée d'une manière cyclique ? Y a-t-il dans l'univers, d'autres êtres, d'autres choses qui s'intéressent à nous et que nous ne souhaitons pas connaître. Dans notre culture, tout du moins pour ceux qui déterminent ce que devons considérer comme l'irréfutable réalité, l'existence d'intelligences différentes, de « quelque chose d'autre », est difficile à accepter. Pourquoi doit-il en être ainsi ? Dans chaque culture, depuis le début des temps et à travers la plupart des cultures de notre époque, on a admis l'existence d'autres intelligences dans l'univers. Mais cela recouvre des concepts tellement étrangers à notre culture qu'il est préférable de les laisser de côté.

Je suis pourtant convaincu qu'il y a un noyau de croyance commun dans notre culture qui a opéré une séparation totale entre l'esprit et le monde physique. Nous avons rendu ce territoire inviolé, reléguant à la religion le monde de l'esprit et assignant à la science le domaine matériel. Nous ne savons pas quoi faire avec ces phénomènes qui n'entrent pas dans le carcan de la science, ces rencontres avec d'autres êtres qui transgressent les barrières sacrées. Cela choque les fondations de notre système de croyance et nos esprits s'en trouvent désorientés.

Même si elles sont inclassables pour l'esprit cartésien, ces expériences ont un sens et témoignent vraisemblablement d'une origine perdue, celle qu'évoquent des peuples aux civilisations très anciennes, tels que les Mayas, les Hopis ou les Cherokees, pour ne nommer qu'eux. Il y a un principe de connexion, une force qui étend nos consciences au-delà de nous-mêmes et qui s'appelle tout simplement l'amour.

Dans la découverte d'une interconnexion fondamentale appelée amour, nous pouvons dépasser le sentiment de

120

fragmentation et évoluer vers la globalité en tant qu'individus, membres de nos familles et citoyens planétaires. Ce que je crois comprendre à travers ce puzzle que je n'ai toujours pas fini de constituer, c'est qu'à partir de cette perspective, la terre pourrait ne plus être une sorte de « supermarché », avec ses pays et ses ressources divisées entre des groupes humains en compétition, mais elle pourrait devenir le joyau de la couronne de notre être, l'endroit où nous expérimentons, une fois encore, le sentiment d'union et la connexion avec les sources cosmiques. Et comme nos psychismes s'ouvrent, nous pourrions un jour abandonner la pensée dualiste qui a divisé la matière et l'esprit, le monde physique et le monde spirituel.

Aujourd'hui j'ai mis en sourdine mes expériences personnelles. Je vis ma vie au quotidien, comme je l'ai toujours fait. Je pense qu'il doit en être ainsi. Toutes les expériences, aussi puissantes, étranges et belles qu'elles soient, ne doivent pas faire perdre de vue la réalité du monde physique dans lequel nous évoluons. L'intérêt des images ouvrant sur d'autres vérités étant avant tout de permettre à l'être humain de vivre totalement et entièrement sa vie de tous les jours.

CHAPITRE 5

NAÎTRE ET RENAÎTRE

IMPACT DE LA VIE INTRA-UTÉRINE
ET DES MÉMOIRES FŒTALES
SUR L'EXISTENCE PRÉSENTE

En 1991, je me retrouvais en tant que participant dans un séminaire animé par l'un de mes amis, le docteur Yves Sida, médecin psychiatre. L'objectif de ce séminaire était de faire travailler un groupe de personnes sur le revécu de la naissance, étape primordiale et absolument décisive dans le développement d'un être humain.

Les études menées ces trente dernières années par nombre de chercheurs, Stanislav Grof, Ronald Laing, Arthur Janov ou Léonard Orr, démontrent en effet qu'il se passe énormément de choses au niveau psychologique chez un enfant qui est encore dans le ventre de sa mère. L'exploration de la vie fœtale et du moment crucial de la naissance est donc extrêmement riche d'enseignements et constitue un outil thérapeutique très puissant.

Il existe deux grandes techniques de revécu de la vie intra-utérine et de la naissance. La première passe par un état d'expansion de conscience où l'on ramène progressivement des personnes dans le ventre de leur mère, à six mois de vie fœtale, cinq mois, quatre mois, puis on revient graduellement à cinq, six, sept, huit mois pour aboutir au moment crucial de la naissance. La seconde technique s'effectue en piscine d'eau chaude.

Depuis 1987, j'ai régulièrement – mais pas assez souvent à mon goût – fait travailler des groupes de personnes en piscine d'eau chaude, dans la région parisienne. Il ne s'agit pas, bien sûr, d'une piscine olympique, mais d'une piscine thérapeutique. L'eau, légèrement salée, est chauffée à température corporelle : 37 à 38°. Des enceintes sous-marines permettent de diffuser des musiques ou des sons, un battement cardiaque par exemple. Ainsi, les personnes émergées peuvent à la fois les entendre par les oreilles et en ressentir les vibrations sur leur corps tout entier. Le travail s'effectue généralement par groupes de quatre ou cinq. Une personne flotte, allongée sur l'eau. Légèrement maintenue à la tête, au sacrum et aux pieds, elle entre progressivement dans ce qu'on appelle la respiration fœtale, de manière à retrouver l'énergie qui l'a fait naître. Vient un moment où le revécu fœtal se fait jour et où l'adulte recontacte les zones traversées par le bébé pour venir au monde.

Un autre type de travail, effectué généralement au cours de la même journée, est représenté par ce que l'on appelle le *pack*. Les participants sont enveloppés dans un cocon de linges mouillés qui reproduit un utérus dont ils vont devoir se dégager. Ce travail est très puissant et extrêmement révélateur. Cela m'a permis bien souvent de constater que certains adultes étaient des bébés non-nés, restés sous l'influence d'une matrice périnatale fondamentale précise.

Dans ce séminaire animé par le docteur Yves Sida et son amie et co-animatrice Madeleine Dudon, je me suis retrouvé moi aussi dans le *pack*. Un moment, au cours de l'expérience, j'ai cru que j'allais mourir, je n'arrivais plus à trouver ma respiration et je ressentais une barre dans le ventre. J'ai ainsi fait connaissance avec ce que les spécialistes appellent la Matrice Périnatale Fondamentale deux (MPF2).

Mais revenons en arrière. Pour la plupart des écoles psychologiques, dans le ventre d'une mère, ne s'effectue qu'une pure gestation physique ; rien ne se passe au moment de la naissance où se produit une simple séparation de corps, si l'on peut dire. Le premier psychologue à se pencher sérieusement sur l'expérience de la naissance et à pressentir son influence sur la personnalité, fut Otto Rank, un psychiatre viennois, disciple dissident de Freud dans les années vingt. Il décrivit, dans un ouvrage qui aujourd'hui fait autorité, le combat que représente pour le bébé la progression dans le canal utérin. Toutes les études de ces quinze dernières années mènent à la même conclusion : même quand elle a lieu dans des conditions optimales, la naissance est un événement potentiellement traumatisant pour le fœtus. Si traumatisant que cette peur tenace et incontrôlée de la mort qu'éprouvent certaines personnes pourrait bien n'être qu'un résidu du choc de la naissance.

L'idée développée en son temps par Otto Rank était qu'au souvenir de cette lutte qui accompagne chaque naissance, s'attache une « imagerie » inconsciente. Des images de brûlure, de coupure, de noyade, de démembrement, renverraient ainsi à la douloureuse délivrance et témoigneraient de la violence qu'elle inflige au fœtus. Les conclusions de Rank devaient autant à ses observations qu'à son intuition. Une intuition qui s'est vérifiée et confirmée trente ans plus tard grâce aux travaux d'un autre psychiatre, Stanislav Grof. Ce dernier en était alors au début de ses recherches et pratiquait en Tchécoslovaquie des psychothérapies sous LSD, la drogue facilitant comme on le sait l'émergence de matériaux inconscients. Il fut étonné de constater que ses patients semblaient tous avoir conservé des souvenirs de leur naissance et qu'ils les exprimaient

127

sous forme de visions et d'une imagerie mentale semblable à celle que Rank avait intuitivement perçue.

A travers quinze années de recherches dont les résultats ont fait l'objet d'un livre devenu un classique [1], Stanislav Grof développe le concept des quatre matrices périnatales fondamentales, MPF. Il est prouvé aujourd'hui qu'une relation spécifique profonde existe entre la naissance biologique et les expériences de « mort-renaissance », et ces quatre matrices gouvernent le processus clinique lié à la naissance. Je voudrais donner ici un bref aperçu de leur fondement biologique et de leurs caractéristiques principales.

Première matrice périnatale (MPF 1)

Elle est liée à l'état originel de l'existence intra-utérine durant laquelle l'enfant et la mère vivent en symbiose. Les aspects positifs de cette matrice sont étroitement liés aux souvenirs de l'union avec la mère. C'est presque l'état de conscience cosmique.

Deuxième matrice périnatale (MPF 2)

Elle concerne la première phase de l'accouchement. Les conditions de la vie utérine et proches de l'idéal vont cesser, le monde du fœtus est perturbé. La dilatation et les contractions musculaires pressent et poussent le futur bébé mais, le col de l'utérus étant fermé, le passage n'est pas libre.

Cette deuxième matrice, que le docteur Sida appelle la « matrice infernale », représente l'expérience du sans-issue

---

1. *La Psychologie transpersonnelle*, Stanislav Grof, collection « L'Esprit et la Matière », Éditions du Rocher.

ou de l'enfer. On a le sentiment d'être pris au piège, dans un monde cauchemardesque. Le col utérin est fermé, il y a eu perte des eaux, le bébé est propulsé dans l'horreur du non-sens, de l'enfermement. Il y a là une source possible de claustrophobie, ou de dépression grave comme la mélancolie. C'est à partir de cette matrice que le bébé va devoir trouver la force de naître et de combattre pour sortir du canal, à moins qu'il ne se laisse aller et se réfugie dans des zones d'autisme qui marqueront définitivement son inconscient de nourrisson, de bébé, d'enfant, d'adolescent puis d'adulte.

Troisième matrice périnatale (MPF 3)

Nommée poétiquement par Yves Sida « le combat des chefs », cette troisième matrice se rapporte à la deuxième phase clinique de l'accouchement. Les contractions utérines se poursuivent, le col de l'utérus est dilaté et la progression est maintenant possible. L'enfant se sent puissant, voire tout puissant. Il se propulse symboliquement au-dessus des lois.

Les expériences montrent que le bébé mène une lutte acharnée pour sa survie. Il ressent de fortes pression mécaniques et éprouve souvent une suffocation. Dans cette matrice se trouve le thème des expériences de mort-renaissance. Le bébé passe par une phase paroxystique où il vit effectivement sa mort. C'est au moment précis où il va vivre sa mort, qu'arrive la quatrième matrice avec la délivrance.

Quatrième matrice périnatale (MPF 4)

Elle est liée à la phase ultime de l'accouchement : l'expulsion. C'est le premier souffle brûlant, la première inspiration terrestre, la première séparation, le premier deuil, le premier abandon. La séparation physique entre l'enfant et la mère étant achevée, l'existence du nouveau-né en tant qu'individu autonome commence.

Ainsi, le *pack* que j'avais revécu en piscine était une reconstitution de la deuxième et de la troisième matrice. En MPF 2, le corps enveloppé et serré dans le drap mouillé, les yeux recouverts, avec juste le nez et la bouche libres pour respirer, j'ai senti tout à coup que j'étais sur le point de mourir. A ce moment, il m'a fallu pousser, trouver ma respiration fœtale, puiser dans mon ventre mon énergie de vie, pour atteindre l'ultime étape, celle de l'expulsion et du premier cri. Un instant, j'ai perdu conscience et je suis vraiment redevenu le bébé qui cherchait à sortir. Ce revécu de ma propre naissance a été pour moi une expérience fondamentale. Il m'a permis de vivre concrètement ce que je ne connaissais qu'en théorie et surtout, j'ai pu comprendre que pour moi, naître, vivre, c'était avant tout combattre.

Une heure plus tard, en parlant avec Yves Sida et Madeleine Dudon, je réalisai que j'avais toujours été ce qu'on appelle un gros travailleur. Très actif, j'étais incapable de prendre huit jours de repos. Pendant des années, je ne comprenais même pas comment des personnes pouvaient rester en vacances un mois d'affilée. (Les choses commencent à changer aujourd'hui !) Certes, pour ma carrière professionnelle ceci était un avantage, j'emmenais toujours du travail à la maison, ou en vacances. D'une façon générale je ne supportais pas l'inactivité. Le revécu de cette deuxième matrice me faisait soudainement comprendre que j'étais né avec un programme dans l'inconscient : si je restais tranquille j'allais mourir. Il fallait absolument que je fasse quelque chose pour justifier ma vie.

En 1989, alors que ma mère était décédée depuis peu, j'animais un groupe de formation en piscine. A la fin de la journée, je demandai à quelques personnes que je connaissais de rester pour m'aider à travailler sur le revécu de ma naissance. Cela se passait dans l'eau chaude et non pas dans le cocon mouillé, le *pack*. Au bout de cinq minutes, avec l'expérience, j'ai commencé à retrouver les impressions du ventre maternel et j'ai totalement oublié que ma mère venait de disparaître. J'étais bien dans son ventre. Soudain, je distinguai une sorte de lumière ascensionnelle. Je vis l'esprit de ma mère qui montait vers les royaumes de l'au-delà. Je dis alors aux trois amis autour de moi : « J'ai du mal à revivre ma naissance car je suis parasité par le départ de ma mère. Laissez-moi encore deux ou trois minutes. » Mais, à chaque fois, au lieu de « rebasculer » dans le vécu de la naissance j'avais l'impression de voir ma mère qui se détachait du plan terrestre. Au bout de cinq à dix minutes je réalisai brutalement un point capital : les énergies de la mort sont identiques aux énergies de la naissance. Les énergies qui nous ont poussé dans l'incarnation sont de même nature que celles qui nous poussent hors de l'incarnation. A partir de cet instant, je pus alors revivre ce passage fondamental que traverse tout être humain.

TRAVAIL EN PISCINE D'EAU CHAUDE

L'utilisation du *pack* par Yves Sida et Madeleine Dudon concerne les personnes qui veulent comprendre un mécanisme profond. Cette technique peut aussi être employée en psychiatrie, pour faire accéder un schizophrène au langage par la reconstruction ferme de schémas corporels et pour le faire sortir du morcellement, de l'éclatement.

L'exemple de Paul, âgé de trente-cinq ans, est significatif. En thérapie depuis de nombreuses années, il n'arrivait pas à surmonter une soumision maladive, incapable de refuser quoi que ce soit et disant « oui » à tout. Il ne parvenait pas à établir de contacts satisfaisants, socialement ou dans sa vie privée. Toutes ses relations échouaient, il se sentait, selon ses propres termes, comme une grenade dégoupillée prête à exploser. Pour se protéger des autres, il fuyait sans cesse.

Dans le travail qu'il fit avec le *pack*, il se retrouva propulsé dans une rage d'impuissance, qu'il parvint progressivement à maîtriser. Il se libéra ainsi définitivement de l'énorme poids qui l'asphyxiait. Son droit au « non » s'était installé, sa colère juste était conquise.

Le travail en piscine permet d'accéder à des blocages, à des syndromes d'échecs répétitifs, des signes de souffrance, de mal-être, de dépression, de somatisations et à bien d'autres douleurs que la médecine classique n'est pas toujours capable de traiter : anorexie, boulimie, bégaiement, fatigue... Le travail permet de développer des capacités ou des intuitions restées en sommeil, de revivre certains blocages, de les dépasser, de les liquider par l'émotion et par la symbolisation (le verbe), par l'accès au sens symbolique (la répétition). Il s'agit ensuite de réparer et de changer.

Une autre patiente du docteur Sida, une jeune femme de vingt-cinq ans ayant perdu son ami, ne parvenait pas à surmonter son deuil. Elle portait cette séparation comme un poids immense, fuyait tout contact et ne voulait plus s'attacher qui que ce soit. Dans son cas, la technique du *grasping* (de l'anglais *grasp* : prendre, étreindre) a donné de bons résultats. Le travail du *grasping* s'effectue à deux. Une personne, les yeux clos, se laisse flotter, tenue comme un enfant dans les bras de la seconde personne, la bonne mère, qui peut être indifféremment un homme ou une femme. La jeune femme, fit donc un travail en piscine d'eau chaude avec cette technique de *grasping*. Lors du premier contact avec une bonne mère, elle résista, refusant de se laisser aller. Mais devant la clarté, l'amour et la sécurité qu'elle ressentait, elle finit par s'abandonner et fondit en larmes en s'agrippant.

Quelques *graspings* font revivre les étapes du deuil, du déni au pardon, via le marchandage, la colère, la tristesse et l'acceptation de l'abandon. Par ce travail, la jeune femme put franchir symboliquement les phases que traversent les mourants eux-mêmes. A la fin, elle ira même jusqu'à sucer son pouce, retrouvant la sécurité du « téton langue ». Ainsi l'enfant peut régresser à l'état fusionnel de un à huit mois en symbiose. Le *grasping* redonna à cette jeune femme le droit au plaisir, à l'extase océanique au paradis perdu, à l'Eden.

J'ai développé dans mes deux premiers ouvrages *Nous sommes tous immortels* et *Des vies antérieures et vies futures* [1] le principe du travail sur la vie fœtale. Je n'y reviendrai que sommairement. Aujourd'hui on ne prend plus uniquement en ligne de compte la dimension transpersonnelle collective de la vie fœtale. Les recherches menées ces vingt dernières années ont en effet révélé que l'expérience de la vie intra-utérine est beaucoup plus personnelle et plus individuelle qu'on ne l'avait imaginé. Il est désormais bien établi que dans le ventre de sa mère, le petit être humain est conscient, capable de réagir et de manifester des signes de vie affective dès le sixième mois de gestation. Toutes les expériences sur le revécu natal le démontrent : le fœtus peut voir, entendre, toucher, goûter et même, à un niveau très primitif, apprendre, acquérir un

---

1. *Op. cit.*

certain nombre de connaissances. Il est capable de sentiments, sans doute moins élaborés que ceux de l'adulte,
mais très réels.

Manifestement, il n'y a aucun système de filtrage entre
une mère et son enfant. Enormément de messages en provenance de la mère atteignent le bébé et se forme ainsi sa
personnalité. Cela ne signifie pas que le moindre souci,
doute, ou signe d'anxiété de la mère, va se répercuter sur
l'enfant et le perturber. Ce qui compte ici ce sont les schémas affectifs profonds et durables. L'anxiété chronique, ou
une forte ambivalence des pensées et des sentiments à
l'égard de la maternité, peuvent laisser une cicatrice profonde sur la personnalité de l'enfant. En revanche, des
émotions riches et positives comme la joie, l'allégresse et
l'attente, peuvent contribuer d'une manière importante au
développement affectif d'un enfant sain.

Les nombreux exemples, donnés dans cet ouvrage et
dans les précédents, concernent, pour la plupart, des personnes venues me voir pour résoudre un problème précis.
Ce qui représente, il est vrai, la majorité des cas que j'ai eu
à connaître. Néanmoins il existe une catégorie de gens qui
effectue cette démarche, non pour raisons thérapeutiques,
mais pour se donner la possibilité de vivre d'une manière
pleine et entière, pour mieux se connaître ou pour chercher
un développement personnel.

NICOLE

Ainsi Nicole, une jeune grand-mère de cinquante ans, a
souhaité revivre sa vie fœtale le jour de son anniversaire.
Le fait n'est pas rare : quelques personnes, une dizaine

peut-être, se sont arrangées pour avoir un rendez-vous avec moi à la date exacte de leur anniversaire, de manière à vivre une fois encore cet événement capital.

Progressivement j'amenai Nicole au sixième mois de vie fœtale, et je lui fis prendre contact avec sa mère.

– Que ressentez-vous maintenant ?

– Je me sens bien, je suis au chaud, je me sens protégée.

– Vous êtes à six mois de vie fœtale, est-ce que vous ressentez maman, ou est-ce que vous ne la ressentez pas ?

– Je la ressens. Elle est assez sereine, je la sens parfois un petit peu tendue, mais c'est quelque chose qui ne me dérange pas.

– Est-ce que vous êtes heureuse dans ce ventre, est-ce que vous avez envie d'être ailleurs ? Est-ce que vous voudriez sortir maintenant ?

– Non, je me sens bien ici. Je suis au chaud. Je n'ai pas spéficiquement envie de sortir pour l'instant, mais s'il fallait le faire, je crois que je le ferais.

– Allons à sept mois fœtal. Que ressentez-vous ? Calme, neutralité, mal-être, bien-être ?

– Je ressens toujours cette impression de bien-être. Je ne sais pas ce qui se passe, mais je reçois des messages de ma mère. Je pense qu'elle me parle, j'éprouve une chaleur particulière, une sorte de radiation qui vient de ma mère, je crois qu'elle a mis ses mains sur son ventre, elle me parle.

– Est-ce que vous savez ce qu'elle vous dit ?

– Non, je n'arrive pas à comprendre, à intellectualiser. Ce sont comme des vibrations d'amour et de paix, des vibrations qui me confortent dans le fait que c'est bien de l'avoir choisie et d'être là. J'entends des bruits, c'est drôle, je ne sais pas si c'est son cœur ou autre chose...

– Allons vers huit mois fœtal. Que ressentez-vous maintenant ?

– J'éprouve toujours cette impression de paix et de plénitude. J'ai l'impression qu'une grande force se dégage de ma mère. C'est quelque chose qu'elle me fait passer.

– Lorsque vous recevez des messages de votre mère, comment les comprenez-vous ?

– Cela se passe plutôt au niveau vibratoire et symbolique. Je me sens soulevée, soutenue. De vagues images se forment dans ma tête : on dirait quelqu'un qui montre un bébé venant de naître. C'est bizarre, j'ai l'impression qu'il s'agit d'une naissance antérieure. J'ai l'impression que j'ai été l'enfant de cette maman. J'ai le sentiment qu'il s'agit de retrouvailles. Je comprends maintenant pourquoi j'avais la sensation de la connaître sans l'avoir jamais vue. Je suis dans un environnement qui m'est totalement familier, de même que me sont familières toutes les vibrations que je reçois.

– Je vais compter jusqu'à trois et nous allons nous retrouver trois heures avant votre naissance.

– Oh ! la, la, c'est dur, c'est même très dur...

– Avez-vous envie de rester dans ce ventre, ou avez-vous envie de sortir ?

– Il y a une sorte de force intérieure qui me pousse. Je me sens extrêmement serrée...

Nicole à ce moment là commença à respirer profondément. Je continuai à l'interroger :

– Est-ce que vous êtes active ? Participez-vous au processus ou vous laissez-vous faire ?

– C'est difficile mais je participe. J'ai réellement envie de sortir. J'ai envie de connaître maman. J'étouffe. Je veux sortir.

– Est-ce que vous sentez maman ?

– Je la sens encore, mais moins fort. J'ai l'impression qu'elle mobilise toutes ses forces, elle est en train de lutter.

– Est-ce qu'elle vous envoie des messages de réconfort ?

– Non, elle aussi souhaite arriver à la délivrance.

– Je vais compter jusqu'à trois, nous allons nous trouver jusqu'à une heure de la naissance. Une heure, une heure... (je répète plusieurs fois les mots importants pour mieux en imprégner mes interlocuteurs).

– Vous êtes à une heure de la naissance. Maintenant, que se passe-t-il ?

– Je me sens extrêmement serrée aux épaules, mais j'ai envie de sortir, je participe, je pousse...

Nicole respira profondément et commença à esquisser les mouvements du corps se glissant dans le canal utérin.

– Je vais compter jusqu'à trois. Arrivons maintenant à cinq minutes de la naissance. Cinq minutes, cinq minutes. Que se passe-t-il ?

– Je n'en peux plus ! Je crois que je ne vais pas y arriver. Pourtant j'ai envie de sortir. Je sens la vie. J'ai l'impression d'un tremblement de terre. J'entends des grondements semblables à des volcans en éruption. Je ne sais pas quels sont ces bruits. Je ressens des secousses régulières, je pousse encore.

– Allons maintenant tout doucement vers la naissance. Quatre minutes, trois minutes,...

A partir de cet instant, j'étire un peu le temps, de manière à ce que Nicole puisse assimiler peu à peu toutes les étapes de sa naissance et contacter des strates ou des niveaux d'inconscient de plus en plus profonds.

– Je vais compter jusqu'à trois et vous allez arriver au moment de la naissance. Un deux trois...

Au moment où elle sentit sa naissance, elle éclata en sanglots et s'exclama : « Quelle joie, je suis en vie, quelle joie ! »

Je la fis avancer de quelques minutes dans le temps :

– Que se passe-t-il à présent ?

– J'ai froid, et en même temps, j'éprouve une sensation de brûlure. Je crois que l'on est en train de m'habiller. On me met des vêtements. J'éprouve une sensation de vertige.

La lumière est un peu violente mais cela ne me fait pas très mal. Je cherche maman, j'ai soudainement l'impression de sentir quelque chose de doux contre moi : c'est maman, maman ! A ce moment, je crie de toutes mes forces, c'est comme si je cherchais à lui dire bonjour, si je voulais revenir un tout petit peu en elle. C'est maman, c'est ma maman, quelle joie ! Je me sens heureuse. C'est tellement beau de naître, c'est tellement beau de vivre !

Le témoignage de Nicole a été très important pour moi. Certes, il n'est pas unique. J'en ai connu d'autres qui reflétaient également cette puissance de la naissance et cette envie de vivre. Toutes ces expériences positives apportent la preuve qu'il existe des personnes pour qui le revécu de la naissance n'est pas forcément dramatique. Même quand elle ne s'est pas déroulée dans des conditions idéales.

Je me souviens d'un homme que j'ai rencontré au cours de ces dernières années. Serge m'avait raconté son histoire, assez stupéfiante, puisqu'il avait été déclaré mort-né. Comme cela se passe en pareil cas, le bébé avait été enveloppé dans un drap, puis on l'avait abandonné un moment dans la salle de travail, le temps de s'occuper de la maman alors très mal en point. Ce qui était somme toute logique. L'enfant était donc resté seul, la tête recouverte par le tissu, tandis qu'on s'affairait autour de sa mère. Ce n'est qu'une heure plus tard, qu'une infirmière remarqua que des mouvements spasmodiques semblaient agiter le drap.

— Vite, vite, s'écria-t-elle, le bébé n'est pas mort !

L'équipe rapidement mobilisée, réussit à sauver l'enfant. Aujourd'hui, Serge est un homme fort, assez trapu, qui pratique les sports de combat, en particulier le karaté. Au cours de la séance que j'effectuai avec lui, il eut beaucoup de mal à revivre sa naissance car ses souvenirs de mort-né étaient logés profondément dans ses superstructures inconscientes. Quand venait le moment de contacter cette mémoire, il se réfugiait immédiatement dans des zones d'autisme. Chaque fois que nous arrivions au moment de la délivrance et à la demi-heure qui l'avait suivie, Serge devenait vide. Il ne revenait pas complètement à la conscience, mais son esprit semblait alors abandonner son corps. Il était en train de vivre réellement une mort consciente, comme si au moment de sa naissance et lors des derniers instants de la vie intra-utérine, son âme cherchait à repartir. Ce qui, effectivement, avait été le cas. Heureusement, Serge, qui est médecin, n'a pas souffert de séquelles psychologiques graves, liées à l'événement qui a marqué son départ dans la vie. Néanmoins l'exemple méritait d'être mentionné.

Parfois, lorsque j'explique ceci en séminaire ou en conférence, il y a souvent des mères qui se sentent très concernées et qui viennent me faire part de leurs inquiétudes. J'entends fréquemment : « Lorsque j'étais enceinte, je ne me sentais pas très bien ; j'étais très angoissée ; avec mon mari cela n'allait pas très fort ; je ne voulais pas de cet enfant, etc. » Je voudrais rassurer ces mères et préciser que la vie est un continuum ; elle ne commence pas au moment de la conception pour se terminer au moment de la mort physique. C'est un cycle.

J'ai démontré, à travers l'exploration des vies passées, que nous portons tous un vécu antérieur, le karma. Ce karma nous pousse à effectuer certains choix et à vivre certaines expériences. J'ai constaté que pour chaque enfant venant au monde avec ses propres drames karmiques non résolus, la vie fœtale et la naissance sont les premières opportunités qui s'offrent à lui pour réactiver certains résidus de ce karma (les *samskaras* des yogis). Par exemple, les enfants nés avec des forceps retrouvent parfois dans leurs vies passées des morts survenues à la suite de chocs à la tête, voire d'écrasement. J'ai donné l'exemple de vingt-cinq personnes avec qui j'ai travaillé et qui avaient vécu des pendaisons dans le passé ; une vingtaine d'entre elles étaient arrivées dans cette vie avec le cordon autour du cou. Il faut cependant se garder de toute généralisation systématique. Si vous êtes né dans cette situation cela ne signifie pas forcément que vous ayez été pendu ou étranglé dans une vie passée.

Lorsqu'on aborde la vie fœtale ou la naissance, on a souvent tendance à oublier un acteur fondamental – et je n'y ai pas dérogé – il s'agit du père. J'oriente principalement le travail sur la vibration maternelle, puisque ce sont les femmes qui donnent la vie, mais il est très important de faire ressentir le père et la présence du père, soit durant la vie intra-utérine, soit au moment de la naissance ou dans les heures qui suivent. Je demande parfois : « Papa est-il là, est-ce que vous ressentez papa ? » Les réponses sont parfois drôles, parfois tristes. Par exemple, on me dit « J'aime mieux les vibrations de papa que celles de maman, elles sont plus légères, maman est plus sérieuse. » Ou alors, à l'inverse : « Non, je n'aime pas la vibration de papa, c'est quelque chose d'épais, j'aime mieux maman. »

A notre insu, il y a déjà toute une structure psychologique qui se construit en fonction d'acquis antérieurs à cette vie et que l'être amène dans son incarnation. Les personnes qui ont revécu ces moments fondamentaux savent que l'enfant choisit la personnalité du père et de la mère en fonction des problèmes karmiques qu'il doit résoudre. Ainsi, l'état de conscience de la mère durant la grossesse est-il en soi une occasion fournie à l'enfant – ou autrement dit une occasion que l'enfant se donne – pour réactiver certains schémas karmiques dans son subconscient. Une âme dominée par un schéma de mort violente ou d'abandon sera sans doute attirée par une maman qui risque de ne pas beaucoup s'occuper de son enfant. Non pas parce qu'elle ne l'aimera pas, mais tout simplement parce que son style de vie ne lui permettra pas de trouver tout le temps qu'elle souhaiterait pour son enfant.

Cela peut paraître étrange et pourtant c'est tellement logique ! Un exemple : si la mère porte en elle cette pensée inconsciente, je ne veux pas de cet enfant, l'enfant percevra : « Je ne peux pas être ici, je n'ai rien à y faire, personne ne me veut, personne ne m'aime. » Ces pensées ne seront pas à proprement parler causées par la mère, mais réveillées par elle dans l'inconscient de son enfant, où se loge la réminiscence de traumatismes antérieurs. A l'inverse, j'ai souvent constaté qu'un enfant, relativement libre de karma lourd et négatif, sera attiré par une maman paisible. Un enfant qui va venir dans cette incarnation avec des karmas parfois durs à traverser choisira une vie relativement perturbée avec un environnement difficile. C'est pourtant dans ces conditions parfois extrêmes, que l'enfant, et plus tard l'adulte, peut se débarrasser de ses résidus karmiques qui ont une influence considérable sur l'évolution spirituelle de l'être humain.

Le travail sur la vie fœtale met en lumière un autre trait : le syndrome de la séparation ou la perte de l'union. A travers le revécu de la vie intra-utérine et de la naissance, beaucoup de personnes réalisent à quel point elles étaient en conflit, éclatées, séparées d'elles-mêmes et du monde jusque-là. Pourtant, lorsque nous sommes en bonne santé, ce qui devrait être la réalité de tout être humain, l'énergie, la conscience et le corps sont unifiés. Les personne ressentent cette unité. Récemment un musicien vint me voir et me dit que lorsqu'il jouait il avait la sensation que son être tout entier participait à la musique qu'il créait. Lorsque quelqu'un se sent bien dans son âme et dans son corps, sa vie est un processus créatif constant. Il est inondé par des sentiments d'amour, d'unité avec les autres hommes, il est en pleine harmonie avec eux. Il s'identifie à eux, désire les aider, éprouve le sentiment que tout ce qui arrive aux autres lui arrive aussi. Une personne ayant un bon équilibre psychologique, relativement libre de karma négatif, donnera à sa vie une direction positive. En revanche, les gens qui se trouvent dans un état d'éclatement physique ou psychologique ne se rendent pas compte que la réalité est distordue, celle du corps, des émotions, de la vraie nature des autres, de leurs actions. L'ombre d'eux-mêmes prend le pas sur leur vrai moi et déforme les faits, les altère, les falsifie. Beaucoup ne perçoivent pas leur propre distorsion, et pensent que les maladies, les problèmes ou les incidents de leur vie sont dus aux éléments extérieurs. Plus les personnes se sentent mal, plus elles pensent que ces troubles sont causés par des forces externes.

Une personne en état de psychose pense et voit le monde comme hostile. Assise sur une chaise, elle regarde les murs, et dit : « Ils m'ont fait tout ça, ils vont me tuer, ils vont m'empoisonner. » Elle abdique sa responsabilité personnelle dans sa vie et ses actions et pense que ce qui lui arrive échappe à son contrôle. Une personne bien équilibrée physiquement et moralement est capable, jusqu'à un degré très élevé, de faire exactement l'opposé. Ainsi, le travail sur l'enfance, la vie fœtale, la vie intra-utérine et certains aspects karmiques révèle la manière dont nous sommes tous structurés, que nous le voulions ou non, et surtout que nous le croyions ou non.

GUÉRIR L'ENFANT INTÉRIEUR

Une des applications possibles de ce champ d'investigations ouvert par le revécu de la naissance consiste à faire dialoguer l'adulte avec l'enfant intérieur. C'est un concept que, personnellement, j'ai peu développé, contrairement au docteur Jacques Madelaine, l'un de mes amis, médecin au Nouveau Brunswick. Ses travaux démontrent à quel point l'enfant que nous avons été est réprimé, traumatisé, parfois terrorisé.

J'ai eu à connaître quelques cas allant dans ce sens. Claude, cadre supérieur dans une grande banque française, était responsable d'un important service. Mais il avait toujours eu du mal à s'imposer, malgré de brillantes études universitaires et un bon passé professionnel. Lors des réunions, au moment de prendre la parole, il se sentait paralysé et n'osait pas défendre son point de vue, ce qui constituait un handicap important pour sa fonction et son travail. Il vint me voir sur les conseils d'amis, sans trop savoir, au départ, ce que je faisais exactement.

Lors de la première séance, je lui proposai l'exercice suivant : après les préliminaires habituels – Claude était allongé, un casque sur les oreilles diffusant une musique à caractère holographique –, je l'amenai doucement dans un paysage de campagne, un matin de printemps, où tout est beau, calme et tranquille. Puis je relaxai son corps selon les techniques d'imageries mentales que j'utilise depuis très longtemps maintenant. Ces préparatifs effectués, je lui demandai de visualiser un trou dans la campagne, une sorte de puits. Il s'agit là d'une fantasmagorie, d'une fantaisie mentale, d'une construction de l'esprit. Je lui demandai ensuite de décrire ce puits : « Comment sont les parois, lisses, avec des aspérités ? Y a-t-il de la mousse ? »

Claude me répondit : « Je ne sais pas, je ne vois rien. »

Avec les années, j'ai appris à reconnaître ces manifestations de résistance, à les contrer.

Je suggérai alors à Claude : « Maintenant c'est vous qui créez ce puits. Comment voulez-vous qu'il soit ? »

– Il est lisse, me dit-il laconiquement.

– Très bien, ce puits est lisse. Vous allez vous imaginer en train de descendre dans ce puits. Quels moyens utilisez-vous : une corde, une chaîne, une échelle scellée, neuve, rouillée, pourrie, libre ?

– Je descends par des barreaux scellés.

En moi-même, je pensai immédiatement « sécurité » et je poursuivis pour l'accompagner dans la descente. Lentement j'opérai un décompte de sept à un. Je renouvelai deux fois l'opération en lui demandant de descendre, descendre et descendre encore pendant dix minutes. Je l'incitai à aller encore plus profond, en lui posant de temps à autre la même question : « Fait-il clair ou sombre dans ce puits ? »

Pendant un certain temps, Claude me répondit : « Il fait clair. »

Ceci est une deuxième résistance. Un certain nombre de gens éprouvent des difficultés à descendre dans leur inconscient et pour eux la lumière persiste un long moment. Dès l'instant où il commence à y avoir des zones d'ombre et de pénombre nous savons que nous descendons symboliquement dans les structures lunaires du psychisme.

Au bout d'un temps, Claude me déclara : « Je ne peux plus descendre, il n'y a plus de barreaux. »

Je contournai cette nouvelle résistance : « C'est parfait, dis-je, juste à un mètre en dessous de vous, il y a le fond du puits, vous pouvez sauter. Devant vous vous apercevez un couloir et vous vous engagez dans ce souterrain. Pouvez-vous le décrire ? Comment voulez-vous qu'il soit ?

– Il descend en pente douce et il fait sombre à l'intérieur.

– Comment est le sol ?

– Il est vaguement sablonneux...

– Comment vous sentez-vous ?

144

– Bien.

Sa réponse, brève, ne reflétait aucun signe émotionnel précis. Je continuai de le faire avancer. Au bout de quelques minutes, une autre résistance inconsciente surgit, ce qui est généralement bon signe, car la personne ne se rend plus compte qu'elle crée involontairement l'obstacle.

– Il y a une rivière, dit Claude. Je ne peux pas la traverser.

– Vous le pouvez. A quelques mètres sur la gauche, il y a une barque, vous allez la prendre pour traverser cette rivière souterraine.

– Non, le bois est pourri, il y a de l'eau au fond de la barque. Je ne peux pas l'utiliser.

– Très bien, lui dis-je encore (décidément !). A vingt mètres à droite, il y a un gué, vous aurez de l'eau jusqu'aux chevilles, mais vous pourrez traverser.

Finalement Claude traversa et continua d'avancer dans le couloir souterrain. Je jugeai le moment propice, et je lui dis : « Je vais compter jusqu'à trois et vous arriverez au bout du couloir. Vous trouverez une porte et derrière cette porte, il y a vous, enfant. »

Je le conduisis jusqu'à la porte symbolique et lui demandai de l'ouvrir en pensée.

Sans que rien ne le laisse présager, et j'avoue avoir moi-même fortement sursauté, Claude se redressa avec un grand sanglot et gémit : « C'est terrible, je vois un enfant terrorisé assis sur un tabouret, la tête entre les mains, en train de se protéger. C'est terrible, cet enfant, c'est moi ! Quand j'étais petit, mon père m'imposait toujours ses volontés et lorsque j'étais seul je m'asseyais souvent sur un tabouret, la tête entre les mains, essayant de me protéger. Mon père ne m'a jamais battu, ni maltraité physiquement, mais moralement je me suis senti blessé bien des fois.

C'est terrible cet enfant maigre assis sur un tabouret, c'est moi et c'est lui qui vit encore à travers moi. »

Dès ce moment, le chemin de réharmonisation et de réunification des différents aspects de Claude commença à se dessiner. Lors des séances ultérieures, nous avons travaillé sur le karma, mais je me rappelle avoir aussi utilisé la méthode qui consiste à faire dialoguer l'adulte avec l'enfant intérieur. Que nous en soyons conscients ou non, des aspects enfantins, remontant à l'âge où l'enfant intérieur a cessé de grandir émotionnellement subsistent en nous et continuent de se manifester. Ceci donne cet enfant intérieur qui exerce une influence puissante, souvent cachée, sur les sentiments et les comportements quotidiens de l'adulte. Lorsqu'une personne exprime un conflit personnel courant ou récurrent, des colères chroniques envers l'autorité, des peurs infondées, le travail sur l'enfant intérieur révélera qu'il faut se concentrer sur des événements du passé plutôt que sur des problèmes récents. Le processus sera le même pour des gens qui éprouvent des sentiments de déséquilibre, d'inutilité ou qui ont de graves difficultés dans leurs relations avec les autres.

Les techniques, décrites dans mes différents ouvrages, pour contacter l'enfant intérieur, les mécanismes de la naissance, le vécu intra-utérin, ou même pour effectuer un travail au niveau des schémas karmiques, ouvrent souvent accès à cette partie profonde de nous-mêmes qui réagit à des événements bien antérieurs à la manifestation du problème, du conflit ou du sentiment de mal-être qui en découlent. Une fois que tout ceci est découvert et reconnu, le vrai processus de guérison personnel, physiologique et psychologique est enclenché.

Le travail poussé et structuré sur le dialogue entre l'adulte et l'enfant intérieur donne des résultats spectaculaires. A ce sujet, attardons-nous sur les travaux que le docteur Jacques Madelaine, mène avec ses patients. Le postulat part du principe que nous avons tous besoin, un jour ou l'autre, de retrouver notre enfance et plus précisément, l'enfant intérieur qui subsiste en nous. Ceci peut prendre diverses formes : ludiques, évocations de figures fantastiques ou féeriques ayant charmé nos jeunes années. De Tintin à ET en passant par Blanche-Neige, Peter Pan ou Bambi, la liste est longue des personnages mythiques de notre enfance.

A la suite de John Bradshaw, auteur de *Retrouver l'enfant en soi*, le docteur Madelaine utilise la méthode de réminiscence dans le cadre de thérapies individuelles et pose comme second principe de base que « pour bien communiquer avec les autres, il est indispensable de commencer par communiquer avec soi ». Une règle simple mais moins aisée à mettre en application qu'on ne l'imagine. L'enfant doué, comme l'appelait Jung, s'est adapté aux pressions et aux stress divers venant de son entourage familial, éducationnel, socio-culturel, religieux et ethnique. Cette adaptation est élaborée par l'enfant intérieur blessé qui se fabrique des systèmes de croyances et de défenses qui nous collent à la peau durant notre vie d'adulte. Willis Harman, président de l'Institut des sciences noétiques aux États-Unis ne dit-il pas que « nous sommes tous dans un état d'hypnose culturelle » ? Cette adaptation constitue autant de filtres déformants placés devant nos yeux et altérant la réalité que nous percevons. En nous libérant des filtres, nous pouvons changer nos croyances directement et rapidement.

Les méthodes de travail sur le dialogue interne utilisent diverses techniques basées sur des questionnaires, sur l'expression d'émotions et leur mise en mots, sur la méditation, le dessin, ou encore sur l'échange de lettres entre l'enfant et l'adulte. Les deux « personnes » communiquent à l'aide de messages écrits. L'adulte les rédige avec sa main dominante (main droite, s'il est droitier, main gauche, s'il est gaucher). L'enfant rédige la réponse avec l'autre main. On peut, par exemple, écrire de la main droite à son enfant intérieur : « Puis-je t'aider ? » Et la main gauche pourrait parfaitement répondre à l'adulte : « Occupe-toi d'abord de toi. » La méthode peut sembler bizarre mais elle donne des résultats très satisfaisants.

On distingue plusieurs stades du développement de l'enfant. La classification retient le nouveau-né, le bébé, l'enfant (jusqu'à trois ans), l'enfant non-scolarisé, l'enfant d'âge scolaire, et l'adolescent qui représente la phase de réunification de soi. Il est nécessaire de repasser par chaque stade de développement et de terminer la tâche inachevée, après avoir permis l'expression de la première souffrance. « C'est un travail exigeant, dit le Dr Madelaine, dérangeant même, mais si efficace, qu'il permet à un "adulte enfant" de devenir le propre parent de son enfant intérieur blessé. »

On l'a vu, les blessures de l'enfance, qu'elles soient affectives, physiques ou spirituelles, créent une souffrance morale refoulée qui s'accumule en bloquant la maturité affective et spirituelle de l'être pendant que se continue la croissance physique et psychologique. L'enfant grandit alors dans un corps d'homme qui n'est plus tout à fait le sien. Les principales blessures répertoriées sont l'abandon, les mauvais traitements, la dépendance, les familles disfonctionnelles et la honte toxique qui englobe un grand nombre de choses.

Par exemple, ces cas communiqués par le médecin du Nouveau Brunswick : « Un homme jeune, d'une trentaine d'années, souffrait d'un problème de violence sur fond d'alcoolisme. Lors de séances de régression dans l'enfance, il retrouva des scènes de violence vécues avec son père et les garda en mémoire en revenant à l'état conscient. Après la séance, l'émotion était là, dit le Dr Madelaine. Le jeune homme écrivit à son nouveau-né intérieur qui lui répondit : "tu étais un enfant magnifique" et qui lui donna des conseils pour arrêter de boire, pour retrouver l'amour et devenir un homme réunifié et heureux. »

Un autre cas concerne une jeune femme qui, après des années de travail personnel, était dans une phase stationnaire, doutant de tout et d'elle-même. En l'espace d'un mois elle accomplit des progrès fulgurants et reçut de son enfant intérieur un certain nombre de messages : « Tout est en toi », puis une magnifique poésie. Le dernier message, fondamental, lui recommanda : « C'est à toi de libérer ta maman. » Elle croyait devoir se libérer de sa dépendance vis-à-vis de sa mère. Mais l'enfant intérieur voulait la conseiller sur la manière de se libérer de ses attachements. Ce changement de perspective fut une véritable révélation, suivie en expansion de conscience d'une séance ou elle trouva l'énergie et la force de ne pas retourner dans le ventre de sa mère, tout en gardant le contact avec elle pour une séparation en douceur.

Intégré à d'autres techniques, le travail sur l'enfant intérieur permet souvent de gagner du temps et de faire céder des résistances et des obstacles importants. « Ainsi, dit encore le docteur Jacques Madelaine, en apprivoisant l'enfant intérieur blessé ou humilié, nous allons pouvoir prendre son parti, le protéger et, à travers divers exercices, nous donner la possibilité de grandir, de liquider cette illusion de réalité, de séparation, pour retrouver l'union avec le divin qui sommeille en chacun d'entre nous, comme le Prince Charmant réveille la Belle au Bois Dormant. »

TRAVAIL THÉRAPEUTIQUE AVEC LES ENFANTS

N'ayant pas de formation médicale et psychologique, je n'ai jamais souhaité travailler avec des enfants, ni avec des adolescents. De même, les personnes que j'ai formées n'acceptent pratiquement jamais de mener des séances avec des enfants. Je suis cependant persuadé qu'il y a un travail très intéressant à faire auprès d'eux.

J'ai toujours présent à l'esprit le cas d'Annie, maman d'un petit Nicolas, âgé de sept ans. Elle voulait absolument que je fasse quelque chose pour son enfant qui souffrait d'un problème d'asthme si grave qu'il ne pouvait plus être scolarisé. Elle m'appela à plusieurs reprises en me demandant de m'occuper de son enfant. Je lui répétais que c'était impossible, car je n'avais aucune formation pour le faire. Elle essaya sur tous les tons de me convaincre, me disant même : « Je sais que vous avez un enfant de sept ans, c'est au père que je m'adresse. » Mais je ne pouvais pas m'engager à travailler avec un enfant alors que j'ignorais complètement comment il pouvait réagir.

Je me rappelle les termes du docteur Ernie Pecci, un psychiatre californien qui vit à Sacramento, près de San Francisco, me déclarant un jour qu'il refusait de travailler avec les enfants, non parce que cela ne marchait pas mais au contraire, parce que cela marchait trop bien. Il choisit de faire la sourde oreille quand sa fille, alors âgée de douze, treize ans, lui demanda avec insistance de la faire régresser dans une vie antérieure. Ce n'est qu'après ses quatorze ans révolus que, de guerre lasse, il consentit à répondre à sa demande. Elle bascula alors dans la vie d'une marchande de fleurs du Londres victorien des années 1880. L'essai l'amusa, mais elle en resta là. Satisfaite de cette première expérience elle ne manifesta jamais le désir de la renouveler.

150

Je persistai donc à décourager Annie qui, de son côté, ne désarmait pas. A force de lui dire : je veux bien travailler avec vous, mais pas avec Nicolas, il me vint une idée que j'ai depuis appliquée avec succès plusieurs fois. Je proposai à mon interlocutrice de se substituer à son fils et de revivre elle-même la vie fœtale et la propre naissance de Nicolas. Elle accepta.

La séance organisée selon les rites habituels me procura ce jour-là une stupéfaction intense. Annie commença à revivre sa propre vie fœtale, qui se déroula relativement normalement, avec des envies de naître et de temps en temps des sensations d'être serrée mais le revécu se passa bien. Quand elle atteignit la phase de la naissance, je lui dis : « Maintenant, je vais compter jusqu'à trois, et vous allez vous concentrer sur Nicolas. Vous allez devenir Nicolas. Vous allez devenir l'être qui deviendra Nicolas et vous êtes à six mois de vie fœtale. »

Je constatai alors que la vie fœtale était là beaucoup plus perturbée. Je posai la question rituelle : « Voulez-vous sortir ou rester dans ce ventre ? » La réponse vint, claire, sans ambiguïté : « Je ne veux pas sortir. Je veux rester dans ce ventre.

– Pourquoi ne voulez-vous pas sortir ?
– Parce que j'ai peur.
– De quoi avez-vous peur ?
– J'ai peur de vivre.
– Pourquoi avez-vous peur ? répétai-je à nouveau.
– J'ai peur de vivre.
– Répétez-le.
– J'ai peur de vivre.
– Répétez-le.
– J'ai peur de vivre.
– Pourquoi avez-vous peur de vivre ?
– Parce que je n'ai pas envie de revenir. Je n'ai pas envie de sortir. »

A travers cette session relativement agitée, je la conduisis néanmoins vers la naissance. Mais au moment où je lui dis : « Un deux trois, naissez, c'est le moment de la naissance », je constatai avec surprise qu'Annie, qui n'avait pas eu de problèmes respiratoires jusque-là, présentait alors les signes d'une crise d'asthme. L'enfant est né avec ces symptômes. Il semblait évident qu'il y avait là un lien avec un signe antérieur à cette vie, un empoisonnement, un étouffement, une strangulation peut-être.

Autre motif de stupéfaction dans cette histoire : à la suite de cette séance, alors que la famille d'Annie habitait à plusieurs centaines de kilomètres de Paris, les crises d'asthme de l'enfant s'espacèrent et diminuèrent de telle façon qu'il put être à nouveau scolarisé dans le mois qui suivit. Comment expliquer cela ? On peut bien sûr avancer des arguments mais dans l'état actuel des recherches il serait difficile de construire un raisonnement sans faille. Bien des choses nous restent encore à découvrir.

Le travail sur les enfants et sur l'enfance démontre la réalité des liens qui existent entre les phénomènes de l'avant et de l'après-vie. Mais laissons parler le docteur Evelyn Fuqua, spécialiste des enfants, qui a participé à l'élaboration de différents programmes scolaires aux États-Unis. « Le but principal de la thérapie avec les enfants est de regagner l'auto-estime. En travaillant avec les enfants, je n'utilise que très rarement la thérapie à travers les vies antérieures, excepté dans les cas où toutes les autres méthodes ont été inopérantes et n'ont pas pu aider l'enfant. On doit toujours utiliser cette méthode avec une grande précaution, puisque la force de l'ego des enfants est encore fragile, ils ont besoin de développer la sensation de leur personnalité unique et des talents des *sept vies présentes*. Néanmoins le concept métaphysique des vies passées peut à certains moments être utilisé très efficacement avec les enfants. »

152

Dans la pratique, les enfants se relaxent très facilement. On leur donne une simple explication puis on leur permet de répondre aux questions. L'enfant est allongé sur une couverture à même le sol. La musique de fond induit un état de relaxation qui facilite le processus. On raconte ensuite une histoire en utilisant des imageries variées. Il faut prononcer le nom de l'enfant très fréquemment afin de l'aider à mieux s'impliquer dans le récit. Il est très difficile à un enfant de moins de neuf ans de verbaliser ses sentiments. Souvent l'enfant va s'endormir durant la session. C'est un bonne chose.

« Les recherches que j'ai faites dans une école publique pour ma thèse de doctorat, dit le docteur Evelyn Fuqua, ont indiqué que les enfants qui dorment durant les sessions de groupe ont augmenté leur capacité d'apprentissage aussi bien que ceux qui étaient profondément relaxés. » La session entière doit être enregistrée et la cassette remise aux parents avec un certain nombre de recommandations et d'instructions pour que l'enfant écoute la cassette de relaxation chaque soir. « Les enfants aiment beaucoup ces cassettes et sentent qu'elles sont spéciales puisqu'elles ont été faites pour eux. »

Encourager un enfant à parler sur une vie passée qui a surgi spontanément comme le résultat d'un stress extrême est du domaine du possible. Le docteur Evelyn Fuqua explique encore « qu'une mémoire antérieure peut être déclenchée spontanément quand un enfant expérimente une situation de stress extrêmement forte dans sa vie. Dans ce cas, le rôle du thérapeute ou du médecin est d'écouter et de clarifier en posant des questions. Il est important de reconnaître que ces événements sont absolument réels pour l'enfant. Dire que ces événements se sont probablement produits dans une vie passée est aussi d'une grande aide car l'enfant n'a pas besoin de se faire plus de souci sur ses mémoires. Toutefois, il doit être écouté aussi longtemps qu'il veut parler. Quand l'enfant a dit tout ce qu'il avait à dire, la conversation sur la vie passée s'arrête, il n'éprouve généralement plus le désir d'en parler davantage. »

Il est surprenant de constater le nombre de jeunes adolescents intéressés par le concept de la vie avant la vie, et de la possibilité de la survie de l'âme. Si le concept de réincarnation et de voyage dans le temps n'est pas encore familier à l'enfant, une simple explication pourrait être suffisante. Apparemment, les enfants acceptent aisément la réincarnation et cela ressemble à quelque chose qu'ils ont connu puis oublié. Lorsqu'un enfant dessine ou peint ce qu'il a vu dans son esprit, le processus thérapeutique est facilité, car ceci pallie la difficulté d'un jeune enfant à exprimer ses pensées oralement. L'histoire d'une vie passée racontée par un enfant n'est pas séquencielle et pourrait ne pas avoir de sens thérapeutique, mais ce semblant de désorganisation ne doit pas être commenté. Le simple fait d'écouter et de prendre en compte les sentiments exprimés dans l'histoire constitue une intervention suffisante.

D'excellentes informations sur les régressions spontanées sont inclues dans l'ouvrage du psychiatre Ian Stevenson, professeur à l'université de Virginie *Children who remember past lives*. A ma connaissance, ce livre n'a pas été traduit en français mais c'est un des premiers qui évoque le cas d'enfants américains, plutôt que d'enfants d'autres cultures, qui maintiennent une croyance très forte dans la réincarnation. Le professeur Stevenson parle d'enfants qui se rappellent de vies passées et qui sont capables de remonter très loin dans leur passé de bébé, de nourrisson ou de fœtus. Ces enfants ont souvent commencé à oublier les mémoires antérieures dès l'âge de quatre ou cinq ans. Selon le professeur Stevenson, ces mémoires antérieures seraient source de problèmes pour l'enfant et la famille, particulièrement si l'enfant a vécu dans une famille plus aisée, plus aimante ou plus riche dans une vie passée.

Bien que ce genre de situation puisse alimenter des arguments contre l'utilisation des techniques de relaxation des enfants pour se rappeler des vies passées, certaines contraintes thérapeutiques rendent ce travail nécessaire. Aux États-Unis comme en Europe il est probable que les enfants parlent spontanément de leurs vies passées, mais ils sont en général découragés par leurs parents qui tendent à réagir pour couper court à ces récits. Ce qui apparaît comme le fruit de l'imagination ne devant être décrit comme un événement actuel. Néanmoins, les cas rapportés et commentés par le docteur Ian Stevenson dans son ouvrage apportent sur ce sujet un certain nombre de réponses.

Lorsqu'elle était conseiller scolaire, le docteur Evelyn Fuqua a eu l'occasion de travailler avec de très nombreux enfants et elle s'est rendue compte que, même jusqu'à l'adolescence, certains enfants avaient encore des réminiscences de vies antérieures. Les thérapeutes et les médecins, peuvent donc utiliser le concept de vie passée avec les enfants, mais sans passer par les techniques de relaxation classique. Cependant, dans des cas inhabituels, touchant des problèmes très graves, une régression pourrait être justifiée. « Chaque cas doit être jugé individuellement, dit encore le docteur Fuqua. Ce domaine est encore inconnu et de très grandes précautions doivent être prises pour garder la force de l'ego de l'enfant intact. Les enfants avec lesquels j'ai discuté ont été mes maîtres, je veux les remercier tous pour m'avoir tant appris durant toutes les années où j'ai travaillé dans les établissements scolaires. »

CHAPITRE 6

LES EXPLORATEURS DE LA MORT

A travers les états d'expansion de conscience que j'ai expérimentés, mon esprit basculait parfois entre deux écoles de pensée. Dans la version conventionnelle, le temps et l'espace sont infinis et inimaginables. Il y a toujours un espace plus important à conquérir et suffisamment de temps pour le faire. L'univers est perçu comme une horloge cosmique faite de matière morte. Pourtant, dans une autre vision, l'espace, le temps et la matière sont inextricablement liés. On l'a vu, le temps peut être exploré aussi bien en direction du passé que du futur, et la vie est présente en toute chose.

Pourquoi la mort est-elle importante dans la compréhension des mécanismes de la vie ? Ce sujet n'a jamais cessé de préoccuper les humains. Philosophes, théologiens, penseurs de tous bords et de toutes époques, s'y sont plongés avec fascination, chacun trouvant dans sa métaphysique ou dans sa religion, propre, son explication. Les réponses sont restées longtemps imprécises et discordantes. Toutefois, ces quinze dernières années, un travail considérable a été accompli dans le monde occidental grâce aux recherches menées par des scientifiques – tels les docteurs Raymond Moody, Kenneth Ring ou Elisabeth Kübler-Ross – sur l'accompagnement des mourants et les phénomènes de coma dépassé, nommés plus spécifiquement NDE *(Near Death Experiences)*.

Pourtant, même si ces recherches ont déjà abouti à des résultats extraordinaires, elles n'offrent, à mon point de vue, qu'une vision partielle de l'après-vie. Les personnes cliniquement mortes pendant quelques minutes, puis revenues, ne peuvent rendre compte que de phénomènes liés aux tous premiers instants de l'arrêt de la vie terrestre. De ce fait, il serait utile d'élargir les recherches sur les étapes entourant la mort. Pour avoir, en état d'expansion de conscience, exploré et fait vivre de nombreuses fois des morts survenues dans des vies antérieures, il m'apparaît que les personnes en état de coma dépassé ne perçoivent que les balbutiements d'une réalité bien plus vaste.

Dans la vision orientale, l'attitude cruciale envers la mort est l'acceptation. Ce qui implique compréhension et connaissance. La mort est considérée comme un processus naturel qui s'intègre à l'existence. Ce n'est pas l'attitude dominante dans les civilisations occidentales, où l'on a tendance à vivre comme des êtres éternels. Si, dans notre perception du quotidien, nous ne saisissons pas la nature profonde de la vie, nous pouvons croire, ou faire semblant de croire, que rien jamais ne changera, que le monde continuera de tourner, immuable et figé. Cette idée reçue dès notre jeune âge entraîne une insensibilité au changement et à la mort, que nous cherchons à oublier de toutes nos forces. C'est une des raisons pour lesquelles notre génération a institutionnalisé la mort dans les hôpitaux. Le phénomène quasi quotidien de la mort spectacle diffusé sur le petit écran renforce l'insensibilité des téléspectateurs, petits ou grands. Contempler l'agonie du monde en étant à l'abri chez soi engendre un curieux sentiment de sécurité, faux bien entendu, et renforce la conviction que la mort ne nous concerne pas, qu'elle n'arrive qu'aux autres.

A force de repousser l'idée du moment fatidique, la mort finit par nous surprendre, engendrant peur et panique. D'où la nécessité de s'y préparer, de l'apprivoiser et de la considérer non comme un manque à vivre mais comme le passage vers un autre état. Ce n'est qu'en atteignant une perspective plus profonde sur sa nature, son enseignement mystique et ses qualités d'élévation spirituelle que nous serons capables de comprendre le sens de notre présence sur terre et la beauté de vivre dans un corps de chair.

En outre, je ne pense pas que l'on puisse vraiment développer le thème fondamental de l'accompagnement des mourants sans expérimenter la signification réelle de l'existence.

LE PROJET « CHEMIN DE VIE »

En 1989, lors d'un voyage aux États-Unis, je me rendis au Monroe Institute, à Faber en Virginie. Ce centre est mondialement connu pour ses travaux sur les processus de synchronisations hémisphériques des lobes temporaux (cerveau droit, cerveau gauche) et pour ses découvertes sur l'exploration systémique des niveaux de conscience, à partir des sons mis au point par ses chercheurs. J'eus, à cette occasion, de nombreux entretiens avec son fondateur, Robert Monroe. Le jour de mon retour en France, il m'accompagna en voiture à l'aéroport de Charlottesville, situé à quarante-cinq minutes environ du Monroe Institute, Nous discutions de choses et d'autres, quand il me demanda abruptement : « Est-ce que tu as déjà songé à la mort ? » La question me surprit et je répondis sans conviction : « Oui, bien sûr, de temps à autre, j'y pense. »

Il insista :

– L'as-tu déjà explorée ?

– Disons que je l'ai approchée, à travers certaines expériences. Mais il y aurait encore beaucoup à faire pour développer une véritable science de la mort, une thanatologie.

Il me regarda en riant et me dit :

– Peut-être devrions-nous créer une équipe de « thanatonautes » (explorateurs de la mort) ?

Je le regardai, me demandant où il voulait en venir. Il poursuivit son idée : « Toutes les personnes, tous les instituts, les laboratoires, les chercheurs qui ont connu des états modifiés de conscience savent que la réalité entre ce monde visible et les autres mondes – il y en a plusieurs – ne représente qu'un aspect d'une réalité plus large. Lorsque nous travaillons avec les mourants, nous pouvons les accompagner, mais quand la mort arrive, nos possibilités d'intervention s'arrêtent. Nous entrons dans la sphère religieuse, nous pouvons prier, leur envoyer de l'amour, c'est à peu près tout ! Pourquoi ne pas utiliser les capacités spéciales acquises par certaines personnes au long de multiples expériences, pour aller plus loin, pour aider les âmes à passer de l'autre côté et à monter vers la lumière ? »

Je restai silencieux pendant quelques minutes, observant pensivement le magnifique spectacle des *Blue Ridge Mountains,* qui défilait devant mes yeux, puis je dis, me parlant presque à moi-même : « Se pourrait-il que l'on puisse vraiment accompagner une âme dans son ascension vers la lumière ? »

Le souvenir de Govenka [1] me revint en mémoire. Je repensais à ce qu'elle avait fait, voilà trois ou quatre mille ans, lorsque le vieil homme était mort. Je revoyais ses gestes, j'entendais ses paroles. Elle était entrée dans la hutte et avait assisté l'homme dans son dernier souffle, puis elle l'avait accompagné dans son ascension vers le domaine de la lumière blanche. Je racontai brièvement

---

1. *Nous sommes tous immortels, op. cit.*

162

l'histoire à Robert Monroe qui me dit alors : « J'ai un projet auquel j'aimerais bien que tu participes. » Le projet *Life line* était né.

L'unité *Life line*, que l'on peut traduire par « Chemin de vie », fut mis en place dès 1990 par l'Institut Monroe. Son but est l'exploration scientifique de l'ultime passage, afin de connaître et de comprendre les différentes étapes de la mort. Il s'agit également d'accompagner aussi bien et aussi loin que possible les âmes de l'autre côté du miroir.

Les travaux des chercheurs déjà cités, les lumières du bouddhisme tibétain et de son expérience incomparable de la mort consciente, nous permettent aujourd'hui de connaître quelques grands principes qui régissent le passage vie-mort. Toutes les conclusions convergent : la vie ne s'arrête pas à l'instant de la mort physique ; la conscience de l'être continue son voyage selon un périple décrit dans le livre des morts tibétain le *Bardo Thödol*. Tous ceux qui s'intéressent aux explorations par-delà l'univers des cinq sens savent que beaucoup d'êtres humains ne réalisent pas immédiatement leur mort. J'ai eu des témoignages, où les personnes, revivant leur mort dans une vie antérieure, se voyaient en état de coma profond ou en état de rêve, alors que la vie terrestre qu'elles évoquaient les avait manifestement quittées. Il semble que, lors des minutes, voire des heures, qui suivent la cessation des fonctions physiques, certains êtres ne se rendent pas compte que la vie existe après la mort, continuent d'essayer de fonctionner comme auparavant et se croient dans un état particulier. Parfois ils appellent, mais au bout de quelques jours, ils finissent aussi par monter.

Lorsque je suis rentré en France, après un séjour aux États-Unis, j'ai eu envie de créer un pôle de recherches inspiré du modèle américain. J'ai alors contacté mon amie, le docteur Véronique Guattari qui, depuis 1987, collabore à mes recherches sur les états d'expansion de conscience. Elle possède de surcroît une grande expérience de la mort et de l'accompagnement des mourants, acquise au cours d'un poste qu'elle occupa dans l'unité pilote de soins palliatifs que dirigeait le docteur Abiven à l'Hôpital universitaire de Paris. Le docteur Guattari était la personne qu'il me fallait pour ce nouvel axe de recherche et elle m'a fait le plaisir d'accepter. Depuis la fin 1993, elle anime donc le groupe *Life line* (Chemin de vie) composé aujourd'hui d'une trentaine de personnes.

Au préalable, pour délimiter notre domaine d'action et pour en fixer les règles et les objectifs, nous avons eu de nombreuses conversations. Il fallait définir de quelle manière cette unité pouvait démarrer et quelles personnes allaient pouvoir collaborer aux travaux. Nous sommes tombés d'accord sur le fait qu'elles devaient justifier d'une bonne expérience des états d'expansion de conscience et avoir une structure psychologique solide et stable. Véronique Guattari décrit ainsi dans un des ses rapports, les exigences qui présidèrent au démarrage et à la sélection des collaborateurs de l'activité « Chemin de vie » : « Au cours de la première réunion, chaque participant se présente, nous enrichissant de son expérience personnelle : témoignage d'une vie transformée par une maladie ou un coma ; réminiscences de morts antérieures ; contacts émouvants non-provoqués avec des proches disparus. »

Le but de « Chemin de vie » a été également bien défini. Nous ne voulions pas tomber dans des expériences spirites, tendant à contacter les âmes des défunts, mais permettre à des consciences de monter vers la lumière, dans un état d'acceptation et d'amour inconditionnel. L'un des points-clés était la création d'une plate-forme vibratoire, à la fois relais et centre de réception, accessible en état d'expansion de conscience, avec l'aide des êtres de lumière dont les participants sollicitent l'assistance. Le principe est de créer une charpente lumineuse, au sommet de laquelle est laissé un

164

orifice. Progressivement, elle s'active et amène les participants au plan vibratoire où le travail de passage peut s'effectuer. Ils se retrouvent dans une bulle d'espace-temps et, peu à peu, le cône de lumière à l'orifice du toit se densifie, formant un véritable ascenseur énergétique qui « attire » les consciences, leur permet d'accéder à une autre fréquence vibratoire, et facilite leur transition vers des plans supérieurs.

Actuellement, il y a un regain d'intérêt très important pour l'enseignement des civilisations traditionnelles et principalement orientales. Pourtant, dans la religion chrétienne, les préceptes sur la mort existent aussi. Ainsi, traditionnellement, il est important de respecter pour l'inhumation un délai de trois jours afin de permettre à toutes les énergies de se libérer du corps physique. Véronique Guattari souligne également que l'on peut prier comme autrefois avec un chapelet en psalmodiant sur un seul ton, le fa dièse, une sorte de mélopée. Ceci agit comme un mantra et crée un champ vibratoire : le fa dièse facilite l'extériorisation de la conscience. Les bougies, la lumière des cierges favorisent la montée de la conscience et l'encens purifie le lieu. La cérémonie des funérailles, la messe, les prières, constituent des rites de passage qui symbolisent le moment de la rupture avec le défunt dans beaucoup de traditions. Il est également important de méditer et de visualiser le défunt qui s'en va vers la lumière. Puis, selon l'enseignement du bouddhisme tibétain, débute une période de transition de quarante-neuf jours, que l'on retrouve chez les chrétiens sous la forme de la messe des quarante jours. Ce chiffre symbolique marque l'arrivée du défunt dans les mondes de l'après-vie.

Le rôle de « Chemin de vie » va s'exercer à divers niveaux. Que la personne soit partie récemment ou depuis très longtemps, il n'est jamais trop tard pour l'aider par la méditation, par l'amour ou par la prière. Il y a bien des années maintenant, j'ai eu une expérience en projection de conscience hors du corps au cours de laquelle je me suis retrouvé dans un univers ouvert, clair, infini. Je vis apparaître devant moi une sorte de champ de fleurs, des fleurs immenses, étranges, qui se tordaient, des fleurs de lumière, des fleurs vibratoires. Certaines avaient des corolles d'or, d'autres des corolles pastel, il y en avait de toutes tailles, petites et grandes. L'ensemble constituait un vaste champ qui bougeait comme une sorte d'hologramme.

Puis apparurent des formes diaphanes qui exhalaient une immense sensation de joie. Je me sentis aussitôt traversé par ce puissant sentiment d'allégresse qui me mettait à l'unisson de toute cette harmonie. Soudain, une évidence s'imposa à mon esprit : c'était un champ de prières ! Je compris alors d'une manière symbolique que les prières que nous envoyons à nos amis, à nos familles, à nos chers disparus montent vers des niveaux de conscience particuliers qui peuvent effectivement générer des champs de prières. Les prières font éclore des fleurs merveilleuses, étranges, et les disparus réalisent que ceux d'en bas ne les ont pas oubliés. Cela a été une expérience extrêmement émouvante, que j'ai fait revivre à d'autres personnes par la suite. Ainsi, les êtres disparus reçoivent notre amour et nos pensées comme des fleurs de lumière dans le champ des prières.

Le groupe « Chemin de vie » commence à bien fonctionner. Pour l'instant, nous n'envisageons pas de l'ouvrir sur l'extérieur car les collaborateurs qui participent à cette unité de recherches ont besoin d'être suffisamment rodés pour comprendre toutes les implications d'un tel travail. Néanmoins, d'après leurs premières conclusions, leur perception s'affine et, guidés par la notion de service, ils perçoivent le processus comme étant relativement aisé et naturel. C'est par le truchement d'une véritable alchimie intérieure qu'ils réalisent quelles sont leurs motivations profondes ; il s'agit d'être suffisamment ancré ici pour ne

166

pas avoir la sensation de passer de l'autre côté. Nous en sommes encore au stade expérimental et il sera important de mesurer les répercussions de ce travail sur leur vie.

Tous les essais ou tentatives d'accompagnement des mourants et d'exploration au-delà de la mort ne doivent évidemment pas créer d'interférences au niveau de l'âme qui monte, mais simplement lui faire sentir que la vie continue après la mort et, qu'après avoir vécu sur la terre, une nouvelle naissance l'attend dans les mondes spirituels. Le travail accompli aujourd'hui sur les mécanismes de la mort, découle en majeure partie des observations faites par des personnes décrivant et vivant leur mort dans une vie antérieure. Revivre ses vies passées conduit généralement à revivre ses morts passées. Ces morts peuvent être de toutes sortes, accidentelles ou naturelles, paisibles ou pénibles.

En état d'expansion de conscience, on rencontre souvent des morts violentes, des morts injustes voire désespérées, car les personnes qui font ce travail recherchent souvent la cause d'un mal-être ou l'origine d'un karma négatif dans le présent. Il est souvent nécessaire pour dénouer ces karmas de revivre l'expérience de la mort qui les a générés. Ce moment – d'intense difficulté et généralement douloureux – est en effet le point d'accumulation de pensées négatives. Travailler sur les expériences de la mort permet d'exprimer et de libérer ces résidus psychiques.

GILBERT

Je me rappelle ainsi du cas de Gilbert, qui avait des problèmes dermatologiques constants : psoriasis, eczéma, démangeaisons. Depuis des années, il tentait de se soigner, essayait toutes sortes de crèmes et de lotions qui n'apportaient pas de réels soulagements. Finalement, après avoir lu mon premier ouvrage (déjà cité) et assisté à l'une de mes conférences, il se demanda si cela ne pouvait pas provenir d'une vie antérieure et vint alors me voir. Voici l'histoire qu'il revécut.

En l'an de grâce 1340, dans le centre de la France, Gilbert qui s'appelle alors Jolois, est un paysan libre, propriétaire d'une modeste exploitation, qui essaie, en ces temps difficiles, de subvenir aux besoins de sa famille : sa femme et ses enfants. Comme si le poids des impôts et la médiocrité de la récolte ne suffisaient pas, voilà que montent des rumeurs de peste noire colportées par les marchands ambulants et les voyageurs. « La peste serait à Paris où déjà ses ravages sont considérables. » Selon un autre voyageur, venant du Languedoc, le mal se déplacerait du Sud vers le Nord : « La peste semble s'attacher à mes pas », dit-il.

La peur gagne les campagnes, où les paysans terrorisés écoutent des récits de plus en plus précis : « Les gens, là-bas, ne savent plus à quel saint se vouer, dit un colporteur. La peste imprègne l'air qu'elle a contaminé. Certains essaient d'y échapper en pressant des herbes contre leur nez. Dans le Sud-Ouest d'où je viens, des villages entiers ont été détruits. Vous devriez monter vers le nord, trouver des herbes. Évitez les villes ! Nettoyez votre ferme et n'en sortez sous aucun prétexte ! »

Ainsi fut dit, ainsi fut fait. Pris dans l'affolement général, Jolois passa à l'action. Avec l'aide de sa femme, de ses enfants et de quelques voisins, il nettoya et lessiva à fond la petite ferme, et recouvrit le sol de la salle commune d'herbes fraîches. Il déplaça le tas de fumier, situé à gauche de la maison, il essaya d'entasser quelques maigres provisions dans les endroits frais de la ferme. Contre l'avis de sa femme, il décida de brûler une petite remise qui devait servir de porcherie et dont les mauvaises odeurs étaient susceptibles d'attirer la terrible maladie. Puis Jolois et sa famille se mirent à prier pour implorer Dieu de les épargner, eux et leurs voisins, avec qui ils vivaient en harmonie.

Au bout d'une quinzaine de jours, la peste noire commença à ravager la région. Des villages proches étaient touchés. La ferme de Jolois était isolée et ses occupants, prêts à résister, ne voulaient plus avoir aucun contact avec les gens du gros bourg où se trouvait le manoir du seigneur. Jolois se barricada dans sa ferme. Aucun homme du dehors, aucun animal, ne devait en franchir les limites. Si un être vivant, homme ou bête, approchait, il serait repoussé à coups de pierres.

A cette époque, on ignorait tout ou presque de la façon dont s'étendait l'épidémie. Même les savants y perdaient leur latin. Comment un paysan pouvait-il alors savoir que la peste noire était transmise par les puces ? On pensait plutôt que la maladie se propageait par contact avec une personne malade ou par inhalation des vapeurs transportées par le vent et la pluie. Pourtant Jolois, avec son bon sens, se dit qu'il ne fallait absolument pas toucher un animal malpropre et qu'il fallait rester à l'écart des autres jusqu'à la fin du fléau.

Quelques personnes voulurent venir se réfugier chez lui, mais il fut intraitable et les repoussa. Elles lui apprirent que tout le monde était malade au village voisin et qu'elles aussi risquaient de mourir. « Rien à faire, dit Jolois, je ne veux voir personne. » Le surlendemain pourtant, sa propre tante se présenta et l'implora de la prendre avec eux. Jolois était très attaché à cette femme qui avait remplacé sa mère, morte alors qu'il était encore un tout jeune enfant... Les larmes aux yeux, il commença par refuser : « Je ne peux pas te faire entrer, car tu es peut-être malade. »

– Non dit-elle je me suis parfaitement protégée, je suis propre, je n'ai rien.

Jolois se demanda ce qu'il pouvait faire. Pendant ce temps, la femme, déjà âgée, pleurait et implorait à quelque distance de la maison. Finalement, Jolois, le cœur brisé, céda. Il fit entrer sa tante, ouvrant ainsi la porte à la peste noire.

Quelques jours plus tard, tout était consommé. La tante, l'épouse et plusieurs enfants, terrassés par le mal, moururent en quelques heures, crachant du sang et du mucus. Jolois, lui aussi contaminé, agonisa très lentement. Les œdèmes sur ses membres et son ventre, les plaies ouvertes, l'odeur pestilentielle qui s'en dégageait transformèrent son corps en une masse répugnante. Au moment de la mort mille fois souhaitée, il se coucha sur le côté et réalisa avec colère et tristesse que, malgré tous ses efforts, la peste noire avait fini par le rattraper, lui et sa famille. Au moment où il se dégagea corporellement il confondit la lumière du jour avec une lumière immanente qui semblait l'attendre. Il se glissa hors de ce vêtement abîmé, fatigué, sali, pour revêtir un autre vêtement, blanc, diaphane, limpide. Il était redevenu lui-même et remontait parmi les siens, ceux qu'il avait aimés.

Mars 1990. Allongé sur mon divan, Gilbert ouvrit les yeux, complètement abasourdi par l'histoire qu'il venait de raconter. C'était, il est vrai, l'une des descriptions les plus précises de cas de peste noire que je n'avais jamais entendues à travers les voyages dans le temps. Gilbert resta dubitatif et me posa une question que j'entends fréquemment : « Qu'en pensez-vous ? »

Je me gardai bien de répondre et comme d'habitude, je jouai la prudence : « Laissons faire les choses, dis-je, et voyons ce qui va se passer. » Au bout de trois jours, Gilbert me téléphona un peu affolé : « J'ai le corps couvert de boutons et de petites plaques rouges. » C'était la deuxième fois que je rencontrais un cas semblable. Deux ans auparavant, j'avais travaillé avec une personne qui avait connu le même problème. Je l'expliquai à Gilbert en précisant : « Peut-être est-ce là ce qu'on appelle une crise de guérison. Attendez vingt-quatre ou quarante-huit heures pour voir ce qui va se produire. »

Trois jours plus tard, Gilbert me rappela et me dit : « Tous les boutons que j'avais sur le corps ont disparu et certaines plaques encore vaguement rosâtres se sont atténuées. » Un mois plus tard, ses problèmes dermatologiques avaient totalement disparu. A ma connaissance – je n'ai plus de contacts avec Gilbert depuis dix-huit mois maintenant –, ses problèmes dermatologiques ne sont pas réapparus.

Comment expliquer de tels phénomènes dans un cadre conventionnel cartésien, si ce n'est en acceptant la possibilité de la vie avant la vie et de l'existence de résidus karmiques qui subsistent, non seulement dans notre corps du présent mais dans la conscience immortelle qui habite ce corps ?

LES CHOIX D'INCARNATION

Les traditions orientales enseignent que toute vie dans un corps de chair est le résultat d'un choix, dit d'incarnation. Après la mort, et après avoir traversé les différents niveaux de conscience ou les différents *bardos* selon la terminologie tibétaine, arrive un moment où l'être, ayant perdu toute notion d'espace et de temps, est confronté à un choix. Il va faire une sorte d'évaluation karmique qui l'amènera à comprendre la nécessité de descendre à nouveau pour solutionner ce qui ne l'a pas été précédemment.

Yvonne, revivant son choix d'incarnation, décrivit ainsi un univers entièrement de cristal pendant la période intermédiaire : « Tout est en cristal, le sol, les arbres. Je vois la sève qui circule dans les troncs et les branches. C'est très très beau ! Je marche dans ce monde fabuleux. C'est quelque chose de très émouvant. Je crois que c'est mon guide qui m'a amené ici. J'ai l'impression qu'il veut me faire prendre conscience de quelque chose. Je vois maintenant une licorne qui marche devant moi et qui semble m'inviter à la suivre. Je la suis, elle marche lentement et se retourne de temps en temps.

Nous arrivons près d'une montagne, elle aussi complètement en cristal ; elle est traversée par une galerie. Je m'engage dans ce passage souterrain, je marche longtemps. La licorne disparaît, je continue mon chemin. Maintenant la montagne devient opaque. Ce n'est plus du cristal, mais de la matière, de la terre. Au bout du tunnel, un espace infini s'étend devant mes yeux. J'aperçois la terre qui flotte au loin. Je comprends que je dois m'incarner à nouveau. C'est un signe qui m'est donné.

Au début de mes recherches, je pensais que la venue sur la terre était le résultat d'un libre choix. Or, dès 1980-1982, les témoignages de voyageurs revenant de la période intermédiaire m'ont conduit à réviser mes positions. Certains disaient en effet qu'ils ne voulaient pas redescendre et que le choix leur était imposé. D'autres affirmaient qu'ils avaient été forcés de revenir. En 1984, j'eus une conversation téléphonique avec Anne et Daniel Meurois-Givaudan, bien connus pour leurs recherches et leur exploration des mondes spirituels. J'interrogeai Daniel Meurois-Givaudan sur ce problème de refus d'incarnation. « Nous avons eu, me dit-il, un contact avec notre guide, l'Homme Bleu, qui nous a confirmé que, dans certains cas, il y a des refus d'incarnation. Mais cela ne concerne que des cas très graves, des âmes en état de choc, qui ne se rendent pas compte où elles sont. Pour leur éviter d'aller dans des limbes, où elles se perdraient durant des millénaires, certains grands êtres les aideraient à s'incarner pour repasser à nouveau à travers le traumatisme karmique, de manière à s'en libérer. »

Le choix d'incarnation se fait de trois manières. Soit à l'issue d'une méditation solitaire, d'une évaluation karmique, où la conscience prend en compte l'ensemble des paramètres qui pourraient la décider à redescendre, soit à l'issue d'une méditation avec un guide, un être spirituel, un être de lumière, soit en concertation avec un groupe karmique. A partir du moment où la décision est prise, la conscience va se livrer à un certain nombre d'autres choix. « Où se réincarner, comment, avec qui, à quelle époque, etc. ? » Tous les paramètres sont pris en compte. En premier lieu, la conscience va se choisir un père et une mère en fonction d'acquis karmiques. Les deux, ou du moins l'un des deux, père ou mère, peuvent avoir été déjà croisés et côtoyés dans une vie passée. L'influence de la rencontre karmique maternelle ou paternelle va être importante pour l'incarnation et le développement de l'enfant. Ensuite, vient le lieu. Il est évident que si quelqu'un s'incarne en France, le travail réalisé au niveau spirituel sera totalement différent de celui de quelqu'un s'incarnant en Laponie. L'époque est elle aussi importante, en valeur absolue. Si l'on est serf au XIVe siècle, le quotidien sera dominé par le souci de la survie, on ne pourra pas faire le même type de travail qu'un civilisé de la fin du XXe siècle.

Lorsque les choix sont faits, l'être entame une trajectoire vers des plans manifestés, des niveaux de conscience situés de plus en plus bas. Le moment de la conception n'est toujours pas arrivé mais on dit d'une manière spirituelle que la mère est enceinte astralement. A l'instant de la conception, dit la tradition tibétaine, la conscience jette deux fils de lumière dans la matière, l'un dans le spermatozoïde, l'autre dans l'ovule. Puis la conscience descend encore. Les descriptions témoignent qu'il devient à un certain moment de plus en plus difficile de descendre, comme si l'être passait à travers une sorte de soupe épaisse. A enfin lieu l'entrée dans le corps du bébé, généralement vers trois mois de vie fœtale. Les textes et les enseignements disent aussi qu'à l'instant de la naissance, l'âme qui naît jette successivement sept, puis vingt et un, puis quarante-neuf fils de lumière dans la matière. C'est le chant de l'âme qui s'apprête à vivre à nouveau l'incarnation. En astrologie tibétaine il s'agit du moment précis de la naissance.

On l'a dit, certaines personnes refusent la descente dans l'incarnation. Cela donne lieu à des séances souvent délicates et les personnes qui les vivent révèlent fréquemment des souffrances psychologiques. J'ai eu l'occasion de travailler avec un schizophrène, docteur en droit et employé subalterne à l'EDF. Il m'avait été envoyé par l'un de mes amis psychothérapeute qui me demandait d'essayer de l'aider. Je ne pensais pas à priori qu'un travail au niveau des vies antérieures serait une bonne solution. Pourtant, dès la première séance, Jean se révéla un excellent sujet. Je le ramenai à son enfance et fus bien ému de l'entendre décrire ses terreurs et la manière dont il se cachait à l'âge de huit ans sous le lit de ses parents qui s'étaient absentés. Il était en position fœtale et se terrait littéralement pendant plusieurs heures comme un petit animal. Le revécu fœtal se révéla extrêmement houleux et, à mes questions habituelles, il répliqua à maintes reprises : « Je ne veux pas sortir, je ne veux pas être là. »

Il mettait très longtemps, deux trois minutes parfois, avant de répondre. Je l'amenai vers l'âge de trois mois fœtal, il me dit : « Je flotte. » Cela m'étonna, car Jean n'avait aucune connaissance des mécanismes de l'avant et de l'après-vie. Je décidais d'aller plus loin encore dans l'avant-vie et je lui demandai ce qu'il ressentait.

— C'est grand, dit-il après deux minutes.

— Est-ce clair, sombre ou noir, lui demandai-je.

Plusieurs minutes plus tard, il répondit :

— C'est clair.

– Que souhaitez-vous faire ?

Après un silence, il dit finalement :

– Je ne veux pas descendre, pas descendre.

J'essayai de le ramener au présent, de lui faire comprendre à quel point il s'était enfermé en lui-même et que ses peurs pouvaient être dépassées. Ce fut un travail long et difficile mais qui aboutit à de bons résultats.

Avec certaines personnes déjà initiées à ce type d'expérience, on peut utiliser une technique de projection de conscience hors du corps, dite ascensionnelle, qui permet d'accéder simultanément à plusieurs incarnations antérieures. C'est un peu le principe de sœur Anne sur sa tour.

Voici, à titre d'exemple, le récit d'un homme qui a énormément navigué au cours de ses incarnations passées. Dans son présent cet homme était poussé par le besoin de voyager. Il adorait la mer et ressentait constamment l'appel du large. Curieusement, il continuait d'habiter la région parisienne alors qu'il ne s'y plaisait guère. Malgré son désir de vivre sur la côte et les multiples occasions qui s'étaient présentées, il n'avait jamais réussi à franchir le pas, retenu par une sorte d'angoisse, qu'il ne parvenait ni à comprendre ni à expliquer.

LA CRYPTE DU TEMPS

Pour le travail que nous avons effectué ensemble, j'ai utilisé la technique de la « Crypte du Temps ». Cette méthode, que j'ai mise au point il y a une dizaine d'années, amène une personne à pénétrer par suggestion dans une construction énergétique, une pyramide de lumière, par exemple, ou une sorte de temple. Dans ce lieu vibratoire, cette crypte temporelle, elle retrouve le flot de ses incarnations passées. Comme je l'ai dit, ce procédé ne peut être appliqué qu'à des personnes déjà familiarisées avec les états d'expansion de conscience. Il est très intéressant dans la mesure où il permet d'embrassser une vaste période de temps et d'espace en un laps de temps réel assez réduit. Je fis donc entrer l'homme dans la crypte temporelle.

— Que voyez vous ? lui demandai-je.

— Je vois des bateaux, une multitude de jonques. Je pense que je suis le navigateur de l'une de ces jonques.

— A quelle époque êtes-vous ?

— Peut-être cinq cents ans avant J.-C., c'est ce qui me vient.

— Allons maintenant à la fin de cette vie. Que faites-vous ?

— Nous sommes en train d'attaquer des villages de la côte. Je meurs, assassiné par une bande de paysans et d'hommes en armes, très violents. Ils se sont précipités sur nous dès que nous avons accosté.

— Revenons quelques instants avant votre mort. Comment avez-vous vécu ?

— J'ai eu une bonne vie, j'aime la mer. J'ai passé le plus clair de mon existence à naviguer. Mon père aussi était marin, il est mort en mer.

— Retournons à présent au moment de votre mort.

— Mon corps est déchiqueté sous les coups des paysans en colère. Je vois des femmes en furie...

— Très bien, continuons maintenant. Il y a une autre incarnation qui émerge de la crypte temporelle...

— Oui, je suis encore un homme. Je vois le Moyen-Orient. Je pense que nous sommes aux environs de l'an 800 après J.-C. Je suis un marchand qui se déplace sur la côte. Nous avons des petits bateaux qui transportent des épices et des étoffes.

— Arrivons à la fin de cette vie, que voyez-vous ?

— Je me vois, un peu gros, un peu gras. Je suis attaqué par des pirates barbaresques, il y a une bataille, mes deux petits bateaux sont coulés et je suis exécuté par les pirates qui jettent mon corps à l'eau.

– Revenons à la crypte temporelle.

L'homme commence à respirer profondément. Je poursuis :

– Laissez émerger une nouvelle incarnation.

– Je suis encore un homme. J'ai l'impression d'être en ascension, il y a une immense bataille, avec des navires partout. Cela se passe au Moyen Age, peut-être au seizième siècle. Je sais qu'il s'agit de l'Occident chrétien. Il y a des Turcs ou des Arabes. C'est une bataille gigantesque ! (J'ai supposé par la suite qu'il pouvait s'agir de la bataille de Lépante, opposant la force chrétienne de la Sainte Ligue à la flotte turque d'Ali pacha.) Il y a des navires en feu partout sur la mer. Je crois que je suis capitaine d'un bateau. Nous sommes partis à l'assaut d'un navire. Tout le monde se bat, des marins sont accrochés aux haubans, au mât. On entend des cris, les hommes hurlent, courent. Moi- même je suis encerclé par des Turcs. Je crois que je suis un navigateur génois ou peut-être espagnol.

– Avançons jusqu'au moment de votre mort...

– Je ne vais pas mourir dans cette bataille. Je vois les navires qui reviennent dans les ports. Nous avons gagné ! C'est extraordinaire ! Nous sommes acclamés et fêtés. Nous avons repoussé une menace extrêmement importante qui mettait en danger nos pays.

– Essayez de saisir la raison pour laquelle vous n'avez pas fait une carrière de navigateur ou pour laquelle vous n'arrivez pas à habiter au bord de la mer.

– J'ai toujours été fasciné par la mer, mais quelque chose me retient et me dérange. Ceci est vraisemblablement le souvenir des morts que j'ai pu avoir sur des bateaux, soit noyé, soit assassiné, en Chine, au Moyen-Orient, ou au seizième siècle.

Le travail sur la descente d'incarnation et les mécanismes de la mort est très enrichissant pour le développement spirituel. Beaucoup de personnes, enfermées dans une structure morale rigide, se révoltent parfois devant les phases de descente et refusent de laisser surgir certains contenus difficiles. C'est ainsi que s'est créée peu à peu une légende autour du travail sur la naissance : il serait dangereux et déstructurant de mettre à jour la période entre les vies, et éventuellement les vies passées. Il n'en est rien. Il s'agit des phases normales du travail, et à vouloir gommer la partie vitale matérielle de soi, pour ne plus considérer que l'idéale, la spirituelle, on n'obtient qu'un éclairage imparfait.

J'ai fréquemment entendu parler de travail spirituel mais ce terme même est impropre car, en accord avec Dennis Boyes, un thérapeute américain, je pense que le spirituel n'a pas besoin d'être travaillé, il est depuis toujours parfait. Nous effectuons un travail psychologique destiné à nous débarrasser de résidus karmiques provenant de la vie fœtale et des vies antérieures. Nous avons tous des plaies et des zones douloureuses, mais si refoulées que nous arrivons à ne plus nous en rendre compte. Elles sont les marques d'expériences passées, bien ou mal vécues, et qui entravent le développement naturel de notre ego et le gauchissent. Ainsi tourne la roue de l'existence. L'expérience de mort-renaissance peut aussi être une expérience à caractère illuminatoire et initiatique.

Pour un grand nombre de personnes, vivre la mort et la période entre les vies, recèle une ultime étape. En passant par ce portail, l'être subit une mutation mentale et devient entier, neuf, régénéré. Pourtant, vu de l'extérieur, cet être n'a pas changé. L'évolution est intérieure. Nombre de personnes, rendues plus sensibles à certaines façons de voir, avec une perception différente de l'univers, donnent souvent à la vie une orientation nouvelle.

Il est difficile de décrire par des mots ces nouveaux états d'âme. Mais pour les personnes qui ont vécu de tels états, les mots n'ont plus besoin d'exister. Il y a là une alchimie de la conscience qui s'acquiert au prix d'une secousse initiale. Tant que l'esprit demeure dans une monotonie quotidienne, il ne se passe rien et jamais rien ne se passera. Julius Evola [1] disait que le souverain qui s'éveille en chacun d'entre nous ne naît pas des imaginations d'un passé mort mais bien de la vérité de ceux qui seuls de nos jours peuvent légitimement s'appeler vivants.

LE RÊVE CHAMANIQUE

Il y a quelques années, au cours d'une expérience spontanée, je parvins à m'identifier à différentes formes animales. Je savais qu'il était possible d'appréhender d'autres formes de vie à travers des rituels rejoignant les pratiques chamaniques. J'étais allongé chez moi, sur mon divan, profondément relaxé, selon le principe d'exploration de différents niveaux de conscience. Je ne saurais dire pourquoi mais je me mis à penser à un raton-laveur. Drôle d'idée ! me dis-je, amusé, que d'évoquer ce petit rongeur américain !

Je m'accrochai pourtant à cette image et regardai avec curiosité l'animal leste et agile, muni de véritables doigts dont il se servait à la manière des primates, pour porter à sa bouche la nourriture qu'il venait de laver dans l'eau courante de la rivière. Brutalement je me sentis basculer et sortir de mon rôle d'observateur pour « devenir littéralement le raton-laveur ».

J'étais réellement entré dans le corps de l'animal, avec sa tête, son museau, sa fourrure lisse et brillante, et ses

---

1. *Le Mystère du Graal*, Éditions Traditionnelles.

petites mains extraordinairement habiles qui ramassaient délicatement des brindilles destinées à construire un barrage ou une maison. J'étais devenu le personnage du rêve que j'avais suscité. Un personnage heureux : je me sentais en harmonie avec mon environnement immédiat. J'étais bien dans ma peau de raton-laveur. J'avais ma famille autour de moi. Cinq ou six autres ratons-laveurs participaient à la construction de la maison. Il ne me manquait rien, j'étais en paix.

Puis je commençai à me poser des questions : « Y avait-il d'autres rivières aussi claires que celle-ci ? (Dans ma conscience de raton-laveur je ne connaissais, bien sûr, que celle-là.) Y avait-il, ailleurs, d'autres ratons-laveurs qui construisaient également des barrages et des maisons, qui lavaient toute la nourriture qu'ils ingurgitaient ? Et savaient-ils faire tout cela aussi bien que moi ? » Autant d'interrogations qui me rendaient dubitatif.

Comme je me trouvais au bord de l'eau, j'aperçus mon reflet à la surface de l'onde. Je me vis, le museau effilé, les oreilles dressées et pointues, les yeux sombres et vifs, entourés de deux grands cercles noirs qui me donnaient l'air de porter des lunettes à grosses montures d'écaille. Sous le cou, la tache blanche du pelage tranchait avec la couleur fauve et grise de ma fourrure soyeuse. J'avais vraiment fière allure !

Un instant, je relevai la tête et j'aperçus sur la berge d'en face la silhouette massive d'un ours. Puis je revins à mon reflet qui dansait doucement sur l'eau. Soudain, je le vis se détacher de moi, s'échapper pour flotter vers l'autre rive, emporté par le courant. Mon reflet atteignait l'autre côté de la rivière, quand je me sentis brutalement devenir ours. J'étais dans la peau d'un ours brun de taille moyenne, bien campé sur ses quatre pattes, les griffes fichées dans le sol, observant paisiblement les alentours.

L'ours répondit sans hésiter aux questions du raton-laveur. Il bénéficiait en effet d'une autonomie plus importante et savait, lui, qu'il y avait ailleurs d'autres rivières et d'autres ratons-laveurs. J'étais maintenant en harmonie avec mon corps lourd de plantigrade et je sentais mes muscles puissants sous mon long pelage. C'était la fin du printemps ou le début l'été. En attendant les beaux jours, immobile au bord de cette rivière bordée d'une forêt, je me demandais s'il y avait plus loin, d'autres paysages que celui-ci.

Brusquement tout changea et je me retrouvai ours dans la neige, protégé par mon épaisse fourrure d'hiver. Le temps était venu d'aller hiberner bien à l'abri dans une caverne. Je me sentais un peu somnolent et j'étais conscient que mes rythmes biophysiques étaient en train de se ralentir. Je me demandais alors si l'hiver existait partout dans le monde.

Au moment où j'allais pénétrer dans la grotte que j'avais choisie, je vis un aigle, d'imposante envergure, qui planait dans les nues. Immédiatement, mon esprit d'ours s'éleva pour atteindre ce grand oiseau de proie, à l'allure majestueuse et je me sentis alors devenir aigle noir, au bec crochu, aux serres puissantes. J'éprouvais aussitôt la stupéfiante et voluptueuse sensation du glissement de l'air le long de mes plumes. D'en haut, je vis tel un point minuscule, l'ours disparaître dans la caverne, et l'aigle que j'étais devenu répondit alors à ses questions.

– Non, lui dis-je mentalement, l'hiver n'existe pas partout. Il y a là-bas, très loin vers le sud, des contrées chaudes, où l'on trouve aussi des forêts. Je survolai une chaîne de montagnes et, grâce à ma vue perçante, je discernai les paquets de neige soulevés par le vent. Je ressentais un extraordinaire sentiment de liberté, non seulement dans mon corps d'oiseau, dans mes ailes largement déployées mais aussi dans ma conscience d'aigle.

Je poursuivis son ascension. Bientôt une lumière blanche apparut, éblouissante, attirante comme un aimant. Je me dirigeai vers elle, montant toujours plus haut. Un moment, je me sentis basculer dans cette lumière et me retrouvai alors dans la sagesse de l'univers. J'étais devenu à cet instant un pur esprit et j'entendis une voix me dire : « La vie existe en toute chose, aussi bien dans la forme humaine que dans les formes animales ou végétales. Tout est porteur de vie : un arbre, un nuage, ou même une pierre. Chaque chose se transforme et, dans l'absolu, la vie d'un aigle, d'un ours et d'un raton-laveur a la même valeur. Ce qui change, c'est la perception temporelle. Tout naît, vit et meurt dans la création. Un jour tu disparaîtras et, comme les premières fleurs du printemps, tu reviendras encore plus beau qu'avant. Tous les êtres vivants reviennent ainsi d'une manière cyclique et réapparaissent plus forts et plus beaux à chaque fois. »

A cet instant, je sortis de cet état merveilleux de conscience. Je me sentais réellement habité par toutes les formes de vie. Ainsi, est-il vrai que la mort ne doit plus être crainte, mais plutôt devenir un levier de compréhension sur les mécanismes sous-jacents qui régissent l'homme et l'univers. Comment en effet avoir peur d'un phénomène naturel qui nous livre quelques clés du mystère de l'univers et nous aide à vivre en harmonie avec nous-même et avec le monde qui nous entoure ?

CHAPITRE 7

CONTACTS ANGÉLIQUES

ENQUÊTE SUR L'EXISTENCE
DES ANGES GARDIENS

En décembre 1993, j'ai été invité à une émission télévisée sur France 3 par le journaliste Pierre Jovanovic qui présentait son dernier ouvrage *Enquête sur l'existence des anges gardiens* [1]. Depuis des années Pierre Jovanovic s'intéresse d'une manière approfondie aux apparitions d'anges gardiens, révélées à travers des expériences à la frontière de la mort, sujet que le docteur Raymond Moody fut un des premiers à étudier sérieusement. Six ans de recherches et d'investigations ont conduit Pierre Jovanovic à établir des comparaisons intéressantes entre les apparitions d'anges évoquées chez les grands mystiques et celles rapportées par des personnes ayant eu des expériences d'états de coma dépassé ou NDE *(Near Death Experience)*. Son livre nous plonge progressivement dans l'impénétrable des NDE, et surtout dans la réalité quasi palpable des anges gardiens.

Des travaux de Michael Sabom, un cardiologue de Floride, à ceux du Professeur Kenneth Ring, en passant par les observations de Robert Monroe et du Dr John Lilly, célèbre dans le monde entier pour ses études sur les dau-

---

1. Éditions Filippacchi.

phins, l'enquête du journaliste prend en compte toutes les recherches menées autour des phénomènes d'apparitions d'anges. A cette même émission participaient un prêtre, professeur à l'Institut des Hautes études catholiques, un rabbin, un psychanalyste et la chanteuse Hélène Kibaro. Chacun apportant au problème posé sa propre sensibilité et sa conviction scientifique ou mystique.

On peut, bien sûr, se poser la question : Les anges existent-ils ? Si oui, qui sont-ils ? Des entités intérieures à nous ? Se confondent-ils avec la conscience ? Sont-ils des doubles de nous-mêmes ? Ou ont-ils une existence extérieure ? Les textes, religieux et mystiques, mentionnent la présence permanente auprès des humains, de guides spirituels et d'anges, êtres éthérés et initiés, intermédiaires entre Dieu et les hommes. La vision traditionnelle des anges nous ramène aux sources de la religion judéo-chrétienne. Nous songeons à l'Échelle de Jacob, à l'Archange Gabriel annonçant à Marie la venue de l'enfant Jésus, ou au même Archange, devenu Jibraïl, révélant la parole de Dieu à Mahomet, le prophète qui ouvrira l'ère de l'Islam.

Si les religions polythéistes ne font pas état d'anges au sens habituel du terme, dans le panthéon de la Grèce et de la Rome antiques, les dieux secondaires ou les demi-dieux servent d'intermédiaires entre les dieux souverains, Zeus, Apollon ou Jupiter, et les humains. Iris, l'arc-en-ciel, relie le ciel et la terre, elle est la messagère des grands dieux. Eros, fils d'Aphrodite, est le messager de sa mère auprès des hommes... Toutes les divinités jouent, dans le domaine qui leur est réservé, le rôle dévolu aux anges dans les trois grandes religions monothéistes de l'Occident, prophétique, protecteur ou porteur de la divine colère.

Plus loin encore, dans les civilisations primitives à coloration animiste, le rôle tenu par les anges revient à la nature, ou à une partie de la nature, une rivière, un lac, une montagne, un arbre, un animal, auxquels est accordé un pouvoir quasi divin. Ces manifestations multiples et variées recouvrent en fait une même réalité : la présence affirmée et reconnue, dans les communautés humaines, de toutes les époques, d'êtres immatériels, aimés et craints à la fois, créant un lien entre le monde physique et non-physique, entre le monde matériel et spirituel.

Hormis les références religieuses et mystiques, les contes, légendes et folklores, font aussi état de ces êtres invisibles qui, depuis les temps les plus reculés, ont traversé le monde aux côtés des hommes, partagé avec eux le quotidien. Il semble, qu'à travers ces récits, les anciens aient essayé de nous communiquer ce qu'ils croyaient avoir compris de ces êtres vibratoires que perçoivent certaines personnes dans des état spéciaux d'éveil.

L'ENSEIGNEMENT ANGÉLIQUE

L'apparition d'anges dans le quotidien revêt deux formes principales. Ils peuvent surgir en tant qu'anges gardiens protecteurs, ainsi que l'explique Pierre Jovanovic dans son ouvrage, ou se manifester d'une manière inopinée, au cours d'états d'expansion de conscience, ou de projection de conscience hors du corps. L'apparition de ces êtres de lumière est toujours éprouvante pour les personnes qui les vivent. Cette rencontre, bien sûr, ne peut se faire que dans des états intermédiaires, dans des endroits vibratoires. Ces êtres se manifestent et s'expriment sous divers aspects variables en fonction des circonstances. Toutes les personnes qui ont hissé leur conscience vers un nouveau palier de compréhension réalisent l'existence d'un continuum parallèle ou supérieur au nôtre, dans lequel l'esprit et le corps sont imbriqués dans un matériau particulier appelé « espace-temps ».

Au cours des multiples expériences que j'ai pu avoir, je me suis demandé à certains moments si la partie visible de moi-même n'était qu'une excroissance d'un module mathématique, une sorte d'objet hyperspatial qui projetterait sa vibration dans la matière. Le corps n'étant qu'un véhicule d'exploration, un module incarné identique au LEM, le vaisseau lunaire dont les premiers astronautes se sont servis pour explorer notre satellite.

En 1984, et dans les années qui suivirent, à la suite de diverses expériences d'expansion de conscience et de l'exploration de réalités différentes, je tentai d'entrer directement en contact avec Véda, le maître et guide de Govenka qui appartient à cette saga temporelle que j'ai personnellement revécue. Je m'interrogeais sur la nature même de Véda, l'être de lumière. Qui était-il ? Un prolongement de moi-même, une facette de ma personnalité, un trait de caractère, un vœu pieux ou une entité extérieure à ma personne ? Dès lors, j'essayais de retrouver cette lumière immanente, qui s'était imposée à moi comme étant Véda.

Au bout de deux ans, vers la fin 1985, j'ai commencé à avoir des contacts réguliers avec lui. D'abord d'une manière diffuse, puis pendant mon sommeil. Les années 1986, 1987 et 1988 furent pour moi extrêmement riches en découvertes, en compréhensions nouvelles sur les mécanismes sous-jacents régissant l'homme et l'univers. Le puzzle cosmique, dont j'ai déjà parlé, commençait à se mettre en place.

Une nuit, alors que j'étais sur le point de m'endormir, j'entendis dans mon oreille gauche une voix très lointaine semblant venir à travers un long tunnel et se répercutant en écho, qui m'appelait : « Patrick, Patrick ! »

Je répondis aussitôt mentalement : « Oui, je viens. » Aussitôt, je me sentis glisser dans mon sommeil et partir par les pieds. Plus exactement c'était mon enveloppe vibratoire qui s'évadait de mon corps en train de s'assoupir. Je m'élevais, flottant comme un nageur qui revient lentement vers la surface. Tout au long de ma trajectoire, je percevais des sensations d'air et des bruits de voix extrêmement diffus très lointains, puis je commençai à monter vers une lumière, vive, mais aussi très douce.

La lumière ressemblait à une couronne de fleurs qui tournait lentement sur elle-même. Je l'atteignis bientôt et me sentis aspiré : « Je dois passer à travers », pensai-je. Je franchis ainsi un de ces nombreux sas qui marquent le passage d'un monde vers un autre. Je me retrouvais une nouvelle fois dans un univers clair, ouvert, infini. Véda, le merveilleux, était là, présence floue, semblant flotter, vision quasiment indescriptible avec les mots de tous les jours. Comment pourrait-on évoquer concrètement ces apparitions fugaces et changeantes, qui prennent parfois l'aspect de boules de lumière, de radiances de couleur blanche ou dorée, qui, à d'autres moments, se manifestent sous forme de corps constitués, ou ne s'expriment qu'en manifestant un simple sentiment de présence. Les vibrations de Véda m'enveloppaient entièrement. Comme l'eau se mélange à l'eau, je me fondis en elles.

– Comment puis-je mieux te percevoir ? lui demandai-je mentalement.

– Ne cherche pas de règle précise, dit Véda. Il y a de nombreuses façons de nous percevoir. Nous nous manifestons d'une multitude de manières. Chercher une explication rejoint le paradoxe que les physiciens ont rencontré pour comprendre la nature de la lumière, qui est aussi bien onde que particule. De la même façon, nous sommes aussi bien onde que particule, aussi bien ici que partout à la fois, sans limite d'espace et de temps.

Il me ramenait à cette énigme qui me passionne depuis toujours : le temps.

– Mais alors, tu es capable d'exister ici et à plusieurs endroits à la fois ? interrogeai-je.

J'eus la sensation d'un petit rire et la réponse vint immédiatement sous forme holographique et vibratoire :

– Nos corps existent en différents endroits au même moment et même à plusieurs époques simultanées, puisque le temps est quelque chose d'illusoire. Tu peux me percevoir comme je le souhaite, tu peux me percevoir aussi d'une autre manière. Nous pouvons abaisser nos taux vibratoires pour apparaître en un lieu et à un instant précis, ainsi que je le fais pour toi aujourd'hui. Si tes sens subtils étaient totalement développés – ils le seront dans votre futur – tu pourrais commencer à me percevoir en tant qu'être de lumière, pulsant d'une manière radieuse.

J'avais l'impression de me fondre dans quelque chose d'infiniment grand, d'infiniment bon, d'infiniment noble. Peut-être étais-je en train de retrouver ma propre nature spirituelle ? J'eus, encore une fois, l'intuition diffuse que cette partie incarnée de moi-même n'était qu'une ombre projetée par ma pensée.

Deux années s'écoulèrent à la suite de cette expérience. Vers la fin 1987, j'étais absorbé par une série d'activités qui me conduisit partout en France et à l'étranger : en Suisse, aux États-Unis et au Canada. Je voyageais énormément et rencontrais beaucoup de monde. Je venais de publier mon premier ouvrage, et cela m'ouvrait des horizons encore nouveaux pour moi. Pendant de longs mois, je ne pris pas le temps d'établir des contacts avec Véda. Je fis épisodiquement quelques tentatives mais je n'obtins alors qu'une vague image, un vague son inaudible, une friture semblable à celle que l'on obtient quand on essaie de capter des ondes lointaines avec une antenne trop faible. J'avoue avoir essayé plusieurs fois, puis avoir mis cela de côté.

En novembre 1988, j'eus cette fois une expérience où Véda m'apparut dans toute sa radiance. Je le regardais et j'avais l'impression de me situer à un niveau que je ne connaissais pas, que je n'avais encore jamais atteint. Quelque chose avait changé. Je l'interrogeai : « Qu'es-tu devenu, où es-tu allé ? » Il me répondit : « Je suis monté sur un plan plus élevé. »

– Comment cela peut-il se faire ?

– Vous, les humains et tous les êtres vivant dans la trame du temps et de l'univers, vous évoluez. Nous sommes tous en évolution constante, nous sommes tous plongés dans un mouvement évolutif qui nous ramène vers la source de Dieu. La différence est, qu'en valeur absolue, nous avons conscience de ce que nous pouvons faire et nous nous sommes affranchis de certaines contraintes matérielles. Mais cette possibilité de se fondre dans la source réside aussi au plus profond de chaque être humain.

Une pensée me vint à l'esprit et je lui dis : « Tu es devenu un ange ! »

Il répliqua : « C'est effectivement ainsi que certains êtres humains nous appellent. »

Je lui posais d'autres questions encore : « Qui est la race humaine ? » Sa réponse me donna un autre morceau du puzzle. Elle vint sous forme musicale et à travers les notes, je déchiffrai le message. « Il y a bien longtemps, vous étiez semblables à nous et dans bien longtemps vous redeviendrez semblables à nous. » Je pensais par la suite au mythe des anges déchus, à ces légendes anciennes évoquant des apparitions d'êtres venus d'ailleurs, ou encore à ce passage de la Bible où il est dit que les anges trouvèrent les femmes des hommes belles et les prirent pour épouses. Se pourrait-il que des êtres vibratoires aient pris forme physique dans un temps reculé de ce monde ? Parfois, tout ceci est encore trop complexe, et la raison – car il reste encore un peu de raison, même dans ces états de conscience élargie – n'arrive plus à suivre.

– Qu'est-ce l'univers physique ? demandai-je à l'ange.

– Ce n'est qu'un petit instant isolé d'un amalgame extrêmement vaste et la réalité que vous connaissez se manifeste essentiellement dans un programme vibratoire, sur un mode non physique.

– Intervenez-vous dans le développement des êtres humains ? Qui sont les anges gardiens ?

– Chaque être humain possède un ange gardien, répondit Véda, et les enfants le voient. Ne dites-vous pas, il sourit aux anges ? Mais, à cause de la structure matérielle de la conscience et du véhicule incarné, ces perceptions se ferment peu à peu. Il y a une loi de non-ingérence qui a toujours existé et qui existera toujours. Les êtres humains qui nous contactent nous ont senti près d'eux et, à certains moments, nous sommes intervenus au niveau individuel.

– Mais, demandai-je encore, que faut-il penser de toutes ces catastrophes vibratoires qui se préparent ?

A l'époque, j'étais très concerné par le futur planétaire, je m'étais rendu compte que le futur n'existait pas en tant que tel, mais qu'il était généré par chacun d'entre nous. Ne dit-on pas qu'au tournant du siècle il y a aura des catastrophes majeures qui risquent de balayer beaucoup d'êtres humains de la terre ?

Véda m'inspira une vision de la terre et une vibration, sombre et difficile, entra en moi comme une longue plainte. Je vis l'aura de notre planète, légèrement grise, avec certains trous. Je me sentis descendre, aspiré par cette boule. « Est-ce ce qui nous attend ? » me dis-je. Soudain, j'eus le sentiment de m'élever à nouveau. Je vis la terre rapetisser, je réalisai alors qu'il ne s'agissait pas d'un voyage dans l'espace, mais dans le temps. Véda me montra la terre verte, belle, lumineuse, comme elle l'a toujours été.

Les catastrophes n'étaient peut-être pas encore pour cette fois... Peut-être !

— Le contact avec ton ange, poursuivit Véda qui continuait de répondre à mes questions, ressemble à ce que tu appelles un catalyseur de la conscience, une activation de l'inconscient qui fait naître les êtres humains à l'univers non physique dont ils sont pourtant issus. Beaucoup d'êtres humains vivent dans un contexte matériel et ne reconnaissent pas la finalité de la conscience.

Il ajouta cependant :

— Les vibrations d'un certain nombre d'êtres humains commencent à s'alléger. De plus en plus d'êtres incarnés ont accès à des états différents de conscience qui les mettent en contact avec des phénomènes vibratoires totalement inconnus jusqu'à présent. Beaucoup de personnes rapportent ce qu'elles ont vu au seuil de la mort et commencent à décrire les jardins dans lesquels nous flottons.

Je repartis à nouveau vers le bas, et je compris que le contact allait cesser.

— Comment puis-je te rejoindre, te faire revenir ? demandai-je à Véda.

— Il y a une série de clés, répondit-il, une série de formules presque mathématiques, il faut que tu trouves toi-même tes codes d'accès.

J'éprouvai brutalement la sensation de glisser dans un tunnel puis je me sentis dormir. Je m'éveillai quelques instants plus tard, sous l'impression d'une violente chute. Comme si je venais de tomber de très haut. Il était trois heures trente du matin.

Nous avons tous connu, au cours de notre sommeil, cette impression de tomber brutalement qui, la plupart du temps, nous réveille en sursaut. Ceci signifie que nous venons de réintégrer notre corps, que nous avions quitté pour accéder à d'autres plans de conscience. Le retour et l'instant de la

« rentrée » produit le choc qui nous réveille. Il ne s'agit pas d'un cauchemar, mais de la confirmation que nous venons d'effectuer un voyage lointain. Beaucoup de personnes vivent régulièrement ce phénomène, malheureusement elles ne s'en souviennent pas toujours à l'état conscient.

Véda disparu, je continuai à me poser une série de questions. Je me demandai à quoi correspondait tout ceci. « Peut-être sommes-nous seulement à l'aube de concepts clairs sur les contacts avec ces êtres d'énergie appelés anges ou anges gardiens ? Il faut, me dis-je, que nous arrivions à penser autrement. Nous raisonnons comme nous l'avons tous appris, d'une manière linéaire. Mais dans l'exploration de différents niveaux séquentiels de conscience, ce mode de fonctionnement est totalement inadapté et ne nous permet pas d'accéder à une compréhension cohérente de telles expériences. »

Plongé dans mes réflexions en pleine nuit, je me dis que la pensée déterministe était totalement inadaptée, même pour un début de compréhension. Il faut, pensé-je, basculer vers un autre module mathématique, aller vers une pensée non déterministe, non euclidienne, non einsteinienne. A travers toutes les expériences, au-delà de l'univers des cinq sens et dans des niveaux de conscience de plus en plus subtils, l'esprit, qui souffle en nous, aspire à la réalité spirituelle dont il est issu. Car, nous sommes tous des enfants à l'université du mystère spirituel que représente la vie, nous sommes tous des aveugles plongés dans la nuit suprahumaine. La science actuelle n'est peut-être pas nécessairement à rejeter, elle peut nous servir de corpus de connaissances pour aller de plus en plus loin. Elle ne doit pas représenter un frein, mais un tremplin qui nous permette d'explorer l'inexplorable et d'exprimer l'inexprimable.

Les guides et les anges apparaissent parfois d'une manière spontanée durant les séances d'expansion de conscience. En 1984, j'étais aux États-Unis, à Chicago, chez mon ami Gregory Paxson, l'analyste avec lequel j'ai collaboré pendant plusieurs années. Il me raconta une histoire bien étrange. Un jour, une avocate assez célèbre à Chicago, vint le voir. Elle arriva un soir vers vingt heures, et dit à mon ami : « Je suis intéressée par le travail que vous faites, je voudrais comprendre les raisons pour lesquelles certaines zones de ma vie restent dans l'ombre. »

Gregory Paxson lui expliqua comment cela allait se dérouler. C'était une jeune femme déterminée et sûre d'elle, tout devait bien se passer. Lors de la première séance, vers neuf heures du soir, Grégory ressentit une vibration bizarre et entra dans une sorte de demi-sommeil conscient. Sans qu'il puisse dire un mot, ou faire un geste, il vit une forme blanche tourbillonner lentement autour de la jeune femme qui fermait les yeux, apparemment endormie. L'être diaphane fit le geste d'arracher des lambeaux de peau sur la jambe droite de la patiente de Gregory Paxson, entre la cheville et le mollet. Le manège dura cinq à dix minutes puis, aussi mystérieusement qu'elle était apparue, la forme blanche disparut, emportée telle une fumée par une brise légère.

Gregory Paxson avait observé la scène sans pouvoir bouger, comme en état second. La jeune femme ouvrit les yeux, se redressa immédiatement et demanda :

– J'ai dormi, n'est-ce pas ?

– Effectivement, acquiesça Grégory, restons-en là pour aujourd'hui. Nous reprendrons une prochaine fois.

La jeune femme s'en alla, un peu déçue et contrariée.

Quatre jours plus tard, elle appela Gregory et lui demanda :

– Que s'est-il passé l'autre soir ?

– Mais rien du tout !

– Ce n'est pas possible ! Je sais qu'il s'est passé quelque chose. Dites-moi la vérité !

Il hésita, puis choisit de lui dire ce qu'il avait vu et comment lui-même avait été dans un état second à ce moment-là.

Au bout du fil, la personne dit alors :

— Monsieur Paxson, je devais me faire opérer d'une plaie variqueuse, dans les quinze jours. Or, la plaie a disparu. Il n'y a plus de varice, plus aucune trace, plus rien ! Tout est redevenu normal ! Comment expliquer cela ? Que s'est-il passé ?

Grégory Paxson poussa un long soupir et répondit :

— Je n'en sais rien et surtout je ne comprends pas pourquoi.

Parfois, lors de karmas extrêmement difficiles, on peut faire intervenir le guide spirituel de la personne concernée. Il m'est arrivé — très rarement —, de faire appel à Véda, lorsque je me sentais dépassé. C'est une sorte d'impulsion mentale que je lance de manière à ressentir sa vibration. L'intervention de guides ou d'êtres de lumière opère un lien avec une longue chaîne d'êtres vibratoires qui peuvent apporter une aide aux personnes cherchant à atteindre d'autres niveaux de conscience.

GEORGES

Je me souviens de cet agent immobilier dans un cabinet parisien, qui venait de se séparer de sa femme. Il ne voulait pas admettre la réalité de la rupture et ne pensait qu'à reconquérir son épouse. Cet échec conjugal l'obligeait fortement à se remettre en question. Il avait toujours été autoritaire, un peu tyrannique ; il avait tendance à étouffer les autres et à imposer son point de vue.

Georges n'était pas un adepte des pratiques spirituelles. Il avait lu *Nous sommes tous immortels* et pratiquement rien d'autre sur le sujet. Il était, à cette époque, obnubilé par l'idée de reconstruire une nouvelle relation et de surmonter sa peine. Dans un état modifié de conscience, il commença à me raconter un épisode qui me surprit.

Contre toutes mes attentes, il partit immédiatement dans un univers non physique. Il se retrouva dans une campagne, avec de l'herbe, des collines basses. Au bout d'un sentier, s'élevait un temple grec. Je me demandai tout d'abord s'il ne suivait pas une sorte d'imagerie guidée, un rêve stéréotypé. Mais il décrivait bien un univers non physique. Je pus le vérifier. Il existe pour cela une technique spéciale : on demande mentalement à la personne de mettre les mains, paume contre paume, en un geste de prière. Si elle est dans une vie passée, dans l'enfance, ou dans une fantasmagorie, les mains ne s'interpénètrent pas. Si la personne se trouve dans un univers vibratoire, les mains passent au travers l'une de l'autre.

Georges-esprit s'approcha de ce petit temple de marbre. Un guide, vêtu d'une robe blanche, apparut et le conduisit à l'intérieur. Georges eut alors l'impression de reconnaître les lieux. Des rayonnages couverts de milliers et milliers de livres couraient le long des murs.

– C'est stupéfiant, dit Georges, de l'extérieur cela me semblait un petit édifice, mais vu de l'intérieur, il est gigantesque.

Le guide lui montra un emplacement, un rayonnage à droite de l'entrée, et prit un livre.

Je pensais : « Il est entré dans les annales akashiques, la bibliothèque vibratoire de l'humanité, là où se trouve son livre de vie. » Georges en avait-il connaissance ou pas ? Le concept était néanmoins stupéfiant. Le guide tendit le livre à Georges qui commença à le feuilleter lentement. Il pénétra alors dans les images holographiques contenues dans chacune des pages du livre. Je regardais l'homme devant moi, en train de regarder le livre avec ses yeux clos. Il semblait explorer quelque chose d'intense. Je lui dis :

– Pouvez-vous vous exprimer ?

Il me répondit :

– Ce qui est là, c'est toute mon histoire, l'ensemble de mes vies, depuis que je suis arrivé sur la terre.

Je compris qu'il vivait quelque chose de très intime et je respectais ce moment en restant silencieux.

Au bout d'un moment il me dit :

– Je suis presque arrivé à la fin du livre, qui contient des aspects de mes incarnations futures. Mais je m'arrête là.

– Pourquoi ne consultez-vous pas cette dernière partie ?

La voix lente de Georges s'éleva :

– Mon guide me demande de ne pas le faire. Il me dit de laisser le futur là où il est, de manière à ce que je puisse le travailler à partir de mon présent.

Après cette séance l'homme triste que j'avais accueilli en début de la séance, était plus détendu, plus serein. Il semblait profondément touché par ce qu'il venait de vivre et partit le cœur rempli d'espoir.

Je le revis quelque temps plus tard et il me dit :

– C'est curieux, ce que j'ai décrit dans ce temple, avec mon guide, au milieu de ces livres, je le connaissais déjà, je l'avais vécu dans mon enfance. Quand j'avais quatre ou cinq ans, un être vêtu de blanc m'emmenait la nuit et me montrait des temples, des endroits merveilleux, avec des fleurs, des couleurs, des lumières. Il m'emmenait dans une pièce où il y avait des livres.

– Avez-vous eu l'impression de connaître ce guide ? lui demandais-je.

– Oui, répondit-il, je le connaissais, mais cela faisait plus de quarante ans que je l'avais oublié.

CONVERGENCES HARMONIQUES
ET VISIONS DU FUTUR

Au XIVᵉ siècle, bien avant que les trois caravelles de Christophe n'accostent les rivages du Nouveau Monde, les Indiens Sioux disposaient d'un large territoire, s'étendant du pied des Rocheuses jusqu'à la Pennsylvanie. C'est à cette époque également que se situe l'un des épisodes fondamentaux de leur histoire sacrée, comparable en importance au moment où Moïse, sur la Montagne Sacrée, reçut de l'Éternel les Tables de la Loi.

La légende sioux raconte que deux chasseurs de bisons rencontrèrent un jour dans la prairie une jeune vierge, habillée de daim blanc. Elle leur apparut dans une brume de lumière et leur dit : « Je suis la Femme Bison, la Femme à la Pipe sacrée *(Buffalo Calv Woman)*. Je suis l'envoyée du Grand Esprit, je viens vous apporter l'enseignement de Chanupa, la Pipe sacrée, le Calumet.

Séduit par la jeune vierge, un des chasseurs entama aussitôt une danse nuptiale, signifiant qu'il voulait la prendre pour épouse. D'un petit geste de la main, la jeune femme fit naître un éclair qui foudroya le prétendant et le réduisit à un petit tas de cendres. Le second chasseur, terrorisé, tomba à genoux. Elle le releva.

– Ne sois pas effrayé, dit-elle. Retourne vers les tiens pour les préparer à me recevoir. Dis-leur que je suis l'envoyée du Grand Esprit.

Le chasseur rejoignit son clan qui était celui des « Sans Arc », et parla de la jeune vierge. Elle apparut bientôt dans le village, marchant au milieu de la tribu dans le sens des aiguilles d'une montre. Elle rassembla les chefs et les sages du clan et leur désigna la Pipe sacrée placéc dans un carquois. Elle dit : « Ceci est un cadeau divin et doit être traité avec vénération. Dans ce carquois se trouve la Pipe sacrée. Aucun homme et femme impurs ne doivent la voir.

Avec le Calumet sacré, vous allez envoyer vos esprits à Wakan Tanka, le Grand Esprit, le créateur de tout, votre père et votre grand-père. »

Elle leur dispensa ainsi l'enseignement du Calumet sacré, dont le foyer est orné de sept cercles représentant les sept rites durant lesquels le calumet sera utilisé. La Femme Bison réunit ensuite les hommes et femmes médecine, les saints et saintes, les sages de la nation sioux, et les initia aux sept cérémonies sacrées qui constituent encore aujourd'hui l'ossature de tout le cycle cérémoniel du peuple sioux.

Le Calumet sacré, donné aux hommes médecine et aux chamans sioux du XIVᵉ siècle, fut transmis de génération en génération. Au siècle dernier, vers 1880-1890, alors que la plupart des Indiens des plaines et de la culture du cheval étaient soit morts, soit parqués dans les réserves, et qu'il ne restait plus que quelques hommes libres, les derniers chamans décidèrent d'enterrer le Calumet de la Femme Bison en un endroit secret. La légende veut qu'il ait été mis en terre dans le Wyoming, près de la rivière Platte, à proximité de l'endroit où les parents de Cheval Fou, l'un des plus grands chamans sioux de tous les temps, ensevelirent le cœur de leur fils. Les sages firent une cérémonie et prédirent : « Un jour les plantes des anciens mondes reverdiront, la terre se secouera comme une femelle bison, il y aura des grands nuages dans le ciel et le monde changera encore une fois. Lorsque le moment sera venu, le Calumet sera à nouveau déterré. »

A des milliers de kilomètres au sud des tribus sioux, vivaient les Indiens Hopis, aujourd'hui regroupés au nord-est de l'Arizona. Ainsi que je l'ai exprimé à plusieurs reprises, j'ai été fasciné par la culture de ce peuple profondément religieux. Dans sa vision du monde existent des forces mystérieuses appelées les Kachinas. Comme les

Tibétains, les Hopis ont un cycle cérémoniel très long, qui commence à la mi-décembre et finit au mois d'août. Les prêtres revêtent des masques de Kachinas et viennent dans les villages chaque hiver pour les quitter au milieu de l'été. Les anciens conteurs assurent que les Kachinas existent réellement. Ce ne sont pas des dieux tels que les anthropologues ou les ethnologues les ont imaginés, mais plutôt des formes intérieures, des éléments spirituels, des formes physiques de la vie, des intermédiaires et des messagers.

Les Hopis, à l'instar de tant d'autres cultures traditionnelles, reconnaissent la vie en toute chose, ainsi existe-t-il un Kachina des cendres et un Kachina des étoiles, qu'ils appellent Sasquasohuh, l'Étoile bleue. Lors des rituels, c'est un prêtre qui danse avec le masque de l'Étoile bleue, mais, selon les prédictions, un jour ce sera réellement Sasquasohuh qui dansera sur la place du village.

On m'a raconté que le cycle cérémoniel hopi s'accompagne parfois d'un chant, appelé Wuwushim. Les années où les prêtres l'entonnèrent furent suivies de graves événements. Les anciens affirment qu'on chanta le Wuwushim en 1540, peu de temps avant que les troupes de l'Espagnol Coronado, explorant le Nouveau Mexique et l'Arizona, ne se heurtent aux tribus Apaches qui vivaient là. Ce fut également le cas en 1917, quelques mois avant que les États-Unis n'interviennent dans la Première Guerre mondiale et en 1940, un an avant Pearl Harbor qui provoqua l'entrée des États-Unis dans le deuxième conflit mondial. Le Wuwushim fut aussi chanté en août 1987.

Plus au sud encore, dans la péninsule du Yucatan, vivaient les Mayas. Ce peuple d'Amérique Centrale est une énigme pour nombre d'historiens. Au milieu du XIXᵉ siècle la découverte de sites envahis depuis des siècles par la forêt tropicale a mis à jour les vestiges d'une civilisation brillante extrêmement riche. Les Mayas furent en effet le premier peuple précolombien à créer et à utiliser l'écriture, ils se révélèrent de grands bâtisseurs, construisant des pyramides à gradins, surmontées de temples. Ils excellaient en astronomie et disposaient de lieux privilégiés pour l'observation des astres. Les prêtres astronomes savaient calculer la révolution synodique de Mercure, de Vénus, de Mars et observaient Saturne et Jupiter, plus de mille ans avant que ces étoiles ne soient identifiées par Galilée et Kepler.

Au cours du IXe siècle, la civilisation Maya, alors à son apogée, s'effondra brutalement et disparut. Les cités se dépeuplèrent et furent laissées à l'abandon. Que s'était-il passé ? Nul ne le sait exactement. Les historiens font des hypothèses : mauvaises récoltes, épidémies, troubles internes, invasions... Aucune ne peut justifier totalement un déclin aussi rapide. Au début du XVIe siècle quand les premiers conquistadores débarquèrent sur les côtes du Yucatan, ils ne trouvèrent que quelques paysans, pauvres et incultes. Les cités, les pyramides, tout ce qui avait fait la grandeur du peuple Maya, avait disparu, ensevelis sous la luxuriante végétation tropicale.

Les fouilles, menées depuis maintenant plus d'un siècle et demi, ont permis de redécouvrir le Tzolkin, le calendrier sacré maya, un module harmonique qui se lit à plusieurs niveaux. Le plus stupéfiant est que le Tzolkin raconte l'histoire de l'humanité sur une période de cinq mille ans. Il commence en 3100 avant J.-C. pour finir en 2012 de notre ère. Cette durée de 5 000 ans est divisée en 13 périodes appelées Baktuns. Chaque Baktun est désigné par un glyphe et un nom. Par exemple le Baktun correspondant au Ve siècle avant J.-C. – époque du Bouddha – s'appelle Baktun de l'Enseignement Sacré. Le Baktun couvrant le début de notre ère et l'avènement de Jésus-Christ est le Baktun de « Celui qui a été oint ». Le Baktun concernant les XIe et XIIe siècles est celui des « Guerres saintes ». En

2012, à la fin du calendrier, le dernier Baktun s'intitule « Baktun de la transformation de la matière ». Il est dit que le corps de lumière des humains fusionnera avec le corps de lumière de la Terre Mère.

Au IXe siècle, période où disparaît la civilisation maya, on trouve le Baktun du Départ qui est symbolisé par Pacal-Votan. Dans les années 1950, une équipe d'archéologues russes découvrit une dalle gigantesque d'une vingtaine de tonnes, dans le sud du Mexique, à Palenqué. La dalle de Palenqué est ornée d'un homme assis sur une sorte de tronc d'arbre avec des tubulures. L'homme est représenté portant une sorte de scaphandre et un heaume. L'archéologie classique a cru y reconnaître un roi prédynastique, d'autres pensent à un navigateur des étoiles assis sur une machine complexe. Or, nous dit le chercheur américain, José Arguelles, qui s'intéresse à la culture maya depuis trente ans, le glyphe qui correspond au Baktun du IXe et qui représente Pacal - Votan signifie « Celui qui vient des étoiles ».

En tant que module harmonique, le Tzolkin nous initie à quelques pratiques secrètes des prêtres mayas. Ils reconnaissaient eux aussi l'universalité de la vie et pensaient que la galaxie avait une conscience. Ils désignaient ce noyau galactique sous le nom de Hunab-Ku. Ils expliquaient comment créer des fibres de lumière en passant à travers sept filtres dont nos deux cerveaux, notre cerveau limbique, héritage du temps où nous étions des reptiles, et à travers la conscience solaire.

En 1987, en travaillant avec un groupe, j'ai utilisé l'ancienne technique sacrée maya pour essayer de contacter la conscience galactique.

Nous sommes encore loin d'avoir élucidé le mystère maya. José Arguelles s'est sincèrement posé la question de savoir si l'essence même du peuple maya n'était pas de retourner dans les étoiles à travers la technique de Kuxan-

Suum. De même que les Hopis affirment qu'ils sont actuelle-ment dans le quatrième monde et qu'ils ont déjà passé trois mondes intermédiaires à travers une porte dimensionnelle qu'ils appellent le Sipapou, les Mayas disent qu'il existe trois mondes et qu'ils sont passés à travers deux mondes différents en utilisant la technique de Kuxan-Suum et en franchissant des portes dimensionnelles qu'ils nomment Tolan. Entre le Tolan maya et le Sipapou hopi la coïncidence est évidente.

Chez les Mayas il y a une croyance identique au grand retour de Quetzal Coatl, du Serpent à plumes. C'est l'ini-tiateur, celui qui apporte l'enseignement perdu, c'est l'Hermès du peuple grec, le Thot des Égyptiens.

Les 16 et 17 août 1987, il y eut, tout autour du monde, une grande fête qui mobilisa des dizaines de milliers de personnes, venues prier, méditer et danser sur les sites sacrés. On a dansé à Sédona, en Arizona, un endroit extra-ordinaire où se trouvent quatre vortex d'énergie. J'y suis moi-même allé avec mon fils en 1992. Je me suis rendu sur le site de Boynton Canyon où, depuis des millénaires, les Indiens viennent danser et prier. La tribu des Havasupais, apparentée à la nation apache, attribue au lieu une valeur tel-lement sacrée qu'après les cérémonies de la journée, ils repartent dormir à l'entrée du canyon pour ne pas troubler les esprits du lieu.

D'autres groupes ont dansé à Macchu Picchu au Pérou, à Glastonbury, en Angleterre, où se trouverait la dépouille glorieuse du roi Arthur. D'autres encore se sont rendus sur le plateau de *Guizèh*, près des grandes pyramides, ou à Barabudur (Indonésie). Certains ont choisi le mont le plus élevé des îles Hawaï, Haleakala. Il est intéressant de noter que le Haleakala signifie saga en vieux finlandais. J'ai appris qu'une Finlandaise de passage à Hawaï avait fait remarquer à des amis hawaïens qu'il y avait beaucoup de ressemblances entre la langue hawaïenne et finnoise.

Ces mêmes 16 et 17 août , un petit groupe d'une quinzaine de personnes est venu prier et méditer à Montségur en Ariège. Cette convergence harmonique a représenté un immense espoir pour des milliers et des milliers de personnes, car les enseignements mayas disent que le Serpent à plumes, l'initiateur, est entré dans l'aura de la terre. Il y eut un immense rassemblement dans les plaines centrales des États-Unis, il y eut des *pow-wow* et de multiples cérémonies organisées par les Indiens. Les Hopis ont chanté le Wuwushim, les Sioux ont ressorti le calumet de la Femme à la Pipe sacrée du XIVᵉ siècle.

Que se passe-t-il aujourd'hui ? Certains prétendent que les temps sont arrivés. Moi-même, en 1984, lors d'une expérience sur le futur réalisée par le docteur Hélène Wambach, j'avais entrevu un avenir cataclysmique, que j'ai évoqué dans mon deuxième livre *Des vies antérieures aux vies futures*. Néanmoins, en 1987 et 1988, j'ai réalisé et je l'ai développé dans ce même ouvrage, que l'avenir serait moins sombre qu'on pouvait le penser.

En effet, au début des années 1980, un véritable potentiel de cataclysme pesait sur notre planète. J'emploie à dessein le terme de « potentiel » pour la bonne raison que je ne crois pas à un futur décidé à l'avance, de toute éternité, comme disent les déterministes. Il y a, au contraire, des futurs possibles pour notre planète et ceux-ci sont créés par notre état de conscience, à nous autres humains. Ce sont nos pensées d'hier qui engendrent la réalité présente, ce sont nos pensées d'aujourd'hui qui créeront notre futur. Mes pensées sur moi-même et ma vie décident de mon propre futur ; les pensées conjuguées de plusieurs millions de personnes créent le futur de la planète.

En 1988, j'avais noté, qu'au début des années 80 l'état des consciences ressemblait fort à celui qui régnait en 1912, deux ans avant la Première Guerre mondiale. On aurait pu craindre le pire mais l'éveil des consciences qui, depuis la fin des années soixante commençait à s'intensifier aux États-Unis puis en Europe, a conduit un nombre de plus en plus important de personnes à considérer qu'elles faisaient partie de la grande chaîne de la vie. L'ouverture d'esprit, la méditation, ont fait reculer le potentiel cataclysmique qui a commencé sérieusement à s'alléger à partir de 1985.

Certes, cela peut paraître à certains bien invraisemblable. Si l'on prend en compte que Dieu promettait d'épargner Sodome s'il y avait un seul juste, un million de personnes devrait suffire pour modifier le devenir de la planète entière et faire en sorte qu'elle avance non vers sa destruction mais vers sa régénération.

Je suis aujourd'hui à la croisée de mon chemin, j'ai vécu un certain nombre d'expériences et hors du commun. Je crois sincèrement qu'un jour l'être humain pourra vivre en harmonie avec ses semblables et, plus globalement, avec son environnement tout entier.

Laissons les vibrations lourdes et les potentiels cataclysmiques dans les tiroirs de l'histoire et dans le chapitre des futurs impossibles, pour nous tourner vers notre spiritualité profonde, vers la noblesse, la beauté, et la grandeur qui existent au fond de chaque être humain. C'est ainsi que nous tous arriverons à voyager, non plus dans le temps, mais hors du temps, en réalisant que nous sommes une entité qui existent partout et nulle part en un temps hors du temps.

CONCLUSION

Avec ces nouvelles méthodes d'exploration de la conscience, les voyageurs du temps rencontrent des paramètres et un type de vie qui leur apportent un profond sentiment d'interconnexion avec l'univers. Un grand nombre de personnes qui ont exploré avec moi ces différents états d'être ressentent une espèce de retour chez soi, comme s'ils redécouvraient un état de conscience originel qu'ils avaient perdu peu à peu.

Les expériences de voyage dans le temps ouvrent la conscience des personnes à la notion de cycle de naissance et de mort qui sont une réminiscence des réalités illusoires tibétaines, encore appelées *bardo*. Les nombreuses expériences de vies antérieures qui émergent constamment lors des séances entreprises dans le monde occidental, suggèrent que la conscience individuelle suit sa propre ligne de développement, séparée du corps. Les participants à ces séances expriment le sentiment d'être « réellement » un autre qui est aussi soi. Ils revivent de façon très vivace divers épisodes de l'existence d'êtres aujourd'hui désincarnés. Au moment où s'effectue la séparation corporelle inhérente au mourir, beaucoup de sujets parlent d'un retour vers une sorte d'univers primal, de conscience unitive ou encore vers une source.

Il n'est peut-être pas nécessaire de postuler une identité antérieure à l'incarnation, laquelle appartiendrait littéralement à un individu, comme nos corps nous appartiennent pendant que nous les habitons.

Le biologiste Rupert Sheldrake a suggéré l'existence possible d'une sorte de mémoire collective éternelle au sein de laquelle nous pourrions puiser.

Toutes les expériences racontées dans le présent ouvrage constituent un corpus très riche de faits qui sous-tendent l'idée que l'univers extérieur et l'univers intérieur, loin d'être sans but, sont connectés à une sorte d'intelligence universelle – une intelligence d'une puissance et d'une complexité inconcevables, d'une subtilité spirituelle profonde.

A travers mes réflexions incessantes et mes propres expériences, je me suis bien sûr posé la question de savoir si j'avais été réellement un jour Govenka et Rhwall. Une telle expérience est parfois tellement vive qu'elle remet en question des pans entiers de tout un mode de fonctionnement, aujourd'hui dépassé. Quelle est la vision d'un futur possible pour l'exploration systémique des états non ordinaires de conscience ?

En fait, elle est liée directement à l'évolution individuelle, personnelle et planétaire de la conscience et à l'effondrement d'une vision mécanique qui a placé l'homme dans un monde dépourvu de sens et de but. Nous devons nous permettre de dépasser l'illusion selon laquelle nous exerçons un contrôle sur notre existence et une maîtrise sur le monde. Alors nous découvrirons notre véritable place, notre véritable capacité de réalisation. Nous reconnaîtrons ainsi que l'esprit exclusivement rationnel n'est pas source d'accomplissement et nous nous ouvrirons un univers empli de formes vibratoires avec lesquelles il nous sera possible de nous connecter et de vivre en harmonie. Ces formes vibratoires ne sont que la partie sublimée de nous-mêmes mais c'est celle-ci qu'il nous reste à découvrir.

J'espère que cet ouvrage aura aidé le lecteur à se rapprocher de sa conscience sublimée et lui aura donné le courage d'entreprendre la démarche qui le ramènera vers sa nature spirituelle profonde. Plus que jamais, le monde a besoin de ce que vous avez à lui apporter.

Si vous souhaitez être informé des différentes activités et recherches de Patrick Drouot, veuillez écrire à :

Patrick DROUOT
B.P. 326
75823 Paris Cedex 17.

TABLE

Achevé d'imprimer
en septembre 1995
par Printer Industria Gráfica S.A.
08620 Sant Vicenç dels Horts
Depósito Legal: B. 29460-1995
pour le compte de
France Loisirs
123, boulevard de Grenelle,
Paris

Numéro d'éditeur : 26051
Dépôt légal : septembre 1995
Imprimé en Espagne